나의 사랑 나의 스승

한산 화엄
寒山華嚴

시우송강 회상

시우 송강
時雨 松江

- 한산 화엄(寒山華嚴)선사를 은사로 득도
- 화엄, 향곡, 성철, 경봉, 해산, 탄허, 석암 큰스님들로부터 선(禪), 교(敎), 율(律)을 지도 받으며 수행
- 중앙승가대학교에서 5년에 걸쳐 팔만대장경을 일람(一覽)

- 1987년부터 7년간 대한불교조계종 총무국장, 재정국장 역임
- BBS 불교라디오방송 '자비의 전화' 진행
- BTN 불교TV방송 '송강 스님의 기초교리 강좌' 진행
- 불교신문 '송강 스님의 백문백답' 연재
- 불교신문 '송강 스님의 마음으로 보기' 연재
- 불교신문 '다시 보는 금강경' 연재
- 『금강반야바라밀경』 시리즈 , 『송강 스님의 백문백답』, 『송강 스님의 인도 성지 순례』, 『송강 스님의 미얀마 성지순례』 『경허선사 깨달음의 노래(悟道歌)』, 『삼조 승찬 대사 신심명(信心銘)』, 『송강 스님이 완전히 새롭게 쓴 부처님의 생애』, 『초발심자경문』, 『다시 보는 금강경』, 『말, 침묵 그리고 마음』 출간
- 2014년 「부처님의 생애」 로 중앙승가대학교 단나학술상 수상
- 대한불교조계종 총무원장 표창 2회
- 서울 강서구 개화산(開花山) 개화사(開華寺) 창건
- 현재 개화사 주지로 있으며, 인연 닿는 이들이 본래 면목을 깨달을 수 있도록 기초교리로부터 선어록에 이르기까지 다양한 강좌를 진행하고 있으며, 차, 향, 음악, 정좌, 정념 등을 활용한 법회들을 통해 마음 치유와 수행을 지도하고 있음

머리글

스승님에 대한 책을 내면서

1980년 10.27법난을 겪은 후 중앙승가대학교에 공부하러 올라올 때, 스승님께서 왜 다시 교학을 연구하려 하느냐고 물으셨습니다. 그때 세 가지 이유를 말씀드렸습니다.

첫째, 팔만대장경을 모두 섭렵하여 부처님과 옛 조사님들을 모두 만나봐야겠다는 것.

둘째, 제 자신이 수행의 길에서 다시는 물러서지 않는 불퇴전의 자리에 이르러야겠다는 것.

셋째, 훗날 가장 존경하는 스승님에 대한 기록을 남길 수 있는 실력을 갖춰야겠다는 것.

2001년 스승님께서 대적삼매(大寂三昧)에 드신 후 사형사제들과 스승님에 대한 책을 만들기로 의논하고 한산문도(寒山門徒) 차원의 출판을 시도하였으나, 여러 사정으로 뜻을 이루지 못하고 세월만 보내고 말았습니다.

2018년 문도장인 지족 사형님을 모시고 스승님 일화를 얘기하다가 내 개인적인 입장에서 스승님에 대한 책을 만들어야겠다고 말씀드렸습니다. 그로부터 페이스북에 글을 올리기 시작하여 2019년 3월에 원고를 마무리지었습니다.

이 책은 제가 지켜본 스승님의 모습 및 스승님과 저와의 개인적인 대화가 중심이 되어 있고, 선배 스님들로부터 전해 들은 스승님의 일화가 얼마간 있습니다.

이 책은 오로지 제 기억에 의한 것입니다. 만약 스승님에 대한 설명 중 잘못이 있다면 그것은 오로지 제 기억이나 제 살핌에 잘못이 있는 것입니다.

만약 허물이 보이시더라도 다만 제 기억이 더 희미해지기 전에 스승님의 모습을 글과 사진으로 남기고자 하는 저의 작은 바람 때문에 생긴 일이라고 넓은 마음으로 헤아려 주시기 바랍니다.

제 마음속에 숨 쉬고 계시는 스승님께 이 작은 책을 바칩니다.

2019년 부처님 오신 날에

차 례

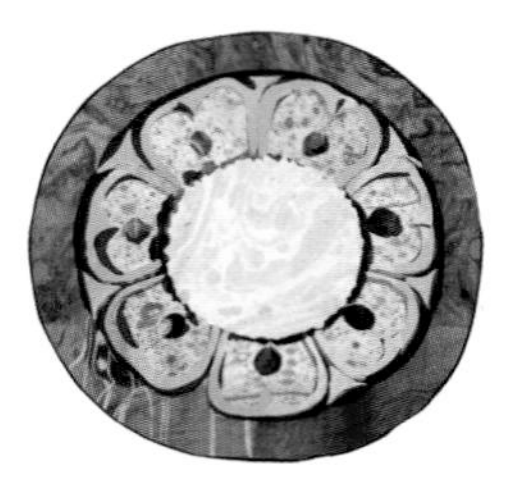

寒山華嚴

00

스승님 보내드리기

스승님께서 대적삼매(大寂三昧)에 드신 지 5일째가 되던 2001년 11월 14일 동림사(東林寺) 마당에는 영결식단(永訣式壇)이 차려져 있었고, 전국 각지로부터 사부대중이 구름처럼 운집해 있었다.

영결식이 가까워지자 상좌들은 스승님의 법구(法柩)를 거처인 염화실(拈華室)에서 영결식장으로 운구하기 시작했다. 나는 왼쪽 두 번째에서 스승님을 모셨는데, 마루에서 내려 신을 찾아도 흐려서 잘 보이질 않았다. 슬픈 감정은 없었으나 그때부터 눈물이 앞을 가렸다. 눈빛만으로도 통할 수 있었던 스승님을 더 이상 뵐 수 없다는 사실이 문득 떠올랐던 것이다.

▣ 스승님의 법구를 밖으로 내어 모시는 장면.
(비디오를 캡쳐(capture)한 것이라 많이 흐림.)

한 시간 이상 걸리는 영결식 동안 나는 스승님과 함께한 수행자의 삶을 최근의 일로부터 거슬러 과거로 되짚어가기 시작했다. 원로의장 법전(法傳-후일 조계종 종정) 큰스님의 법문이 끝나고, 마지막으로 향과 꽃을 올리는 순간에도 내 기억의 여행은 계속되었다.

영결식이 끝나고 동림사 바로 아래에 마련한 다비장(茶毘場)으로 법구를 옮기는 동안 내 몸은 그저 앞사람을 따랐을 뿐이고, 마음은 여전히 스승님과의 시간여행을 하고 있었다.

이윽고 다비장에 도착하여 마지막 의식을 봉행한 후 스승님의 무봉탑(無縫塔)에 점화가 되었다. 가장 친한 도반이었고 사제였던 범어사 조실 지유(知有-후일 금정총림 방장) 큰스님을 비롯해 사숙님들이 앞서고, 그 뒤를 상좌인 우리와 수많은 스님들 그리고 불자들이 무봉탑(無縫塔)을 중앙에 두고 일원상(一圓相)을 만들었다.

▣ 다비장에 도착하여 마지막 의식을 봉행하는 장면.
(비디오를 캡쳐(capture)한 것이라 많이 흐림.)

무봉탑(無縫塔)의 불꽃도 조금씩 가라앉고 일원상도 사라졌을 때 여러 사람들이 내 곁에 몰려들었다. 그리곤 누군가가 젖은 목소리로 내게 말했다. "스님께서 이러고 계시면 저희들은 어떻게 합니까?" 그 말에 스승님과의 시간여행을 멈추고 주위를 둘러보니 대중들은 대부분 점심공양을 하기 위해 절로 올라갔고, 소수의 사람들만 내 곁에 모여 있었다. 내가 두 시간 이상을 한 자리에 서서 꼼짝을 하지 않고 계속 눈물만 흘리고 있었기에, 걱정을 한 사람들이 내게 모여든 것이었다고 했다.

누군가가 건네주는 손수건을 받아 얼굴을 닦으며 살펴보니, 내 장삼의 가슴 쪽이 완전히 젖어 있었다. 이상하게도 슬픈 감정은 없었는데, 그때까지 계속 눈물은 흐르고 있었던 것이다. 마지막으로 스승님을 위해 반야용선(般若龍船)을 띄울 강이라도 만들고 싶었나 보았다. 고개를 들어보니 신어산(神魚山)이 유난히 붉었다.

▣ 일원상을 만들어 가는 장면으로 앞쪽에 지유(知有) 큰스님을 비롯한 사숙님들이 보인다. (비디오를 캡쳐(capture)한 것이라 많이 흐림.)

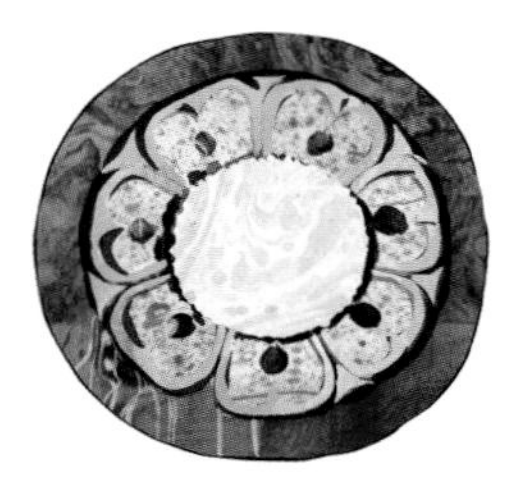

寒山華嚴
01

출가 이야기

2018년 6월 27일, 여든이 넘은 지족 사형님 생신을 맞아 공양을 대접하는 자리에서 은사 스님 출가하실 때의 일화를 다시 확인했다. 오래전에 범어사 어른 스님들로부터 들었던 이야기와 일치했다.

▣ 은사이신 한산당 화엄 대선사의 1979년 영구암 시절 모습. (기자들의 요청에 의해 촬영된 사진임.)

은사(恩師)이신 한산당(寒山堂) 화엄 대선사(華嚴大禪師)께서는 출가 전 일본에서 자랐고 의과대학을 나온 분이시다. 속명은 천기신(千基信)이다. 2차 대전 때 본인의 뜻과는 상관없이 일본군 군의관으로 필리핀 등에서 전쟁을 겪으셨는데 구사일생으로 살아 돌아오셨다.

그 후 부산대학병원에서 의사생활을 하시다가 부산 범어사 조실이신 동산 큰스님을 친견하고는 진로를 여쭈었더니, 산내 암자인 미륵암에서 기도를 하라고 시키셨다. 스님의 몸에는 전쟁 중에 포탄의 파편 네 개가 대퇴골에 박혔는데, 두 개는 수술로 제거했지만 나머지 두 개는 수술로도 제거가 불가능해서 그 고통이 말할 수 없었다고 한다. 기도가 10개월이 될 무렵 신중단의 호법신장이 큰 칼로 대퇴골을 찌르는 바람에 놀라 정신을 차려 보니 피고름이 묻은 파편 두 개가 옆에 있었다. 이 이야기는 입적하신 일타 큰스님의『기도』라는 책에도 나온다. 물론 은사 스님께 직접 확인도 했었다.

뜻한 바 있어 범어사 조실이셨던 동산 큰스님을 다시 뵙고 제자로 받아 달라고 했다.

〈동산 선사〉 마침 울리는 종소리를 들으시며, "저 종소리를 잡아오너라!"

〈천기신〉 "…"

〈동산 선사〉 "다시 더 기도를 한 후 오너라!"

한동안 더 기도를 한 후 다시 찾아뵈었다.

〈동산 선사〉 "종소리는 잡았느냐?"

〈천기신〉 입으로 "콰~앙!" 소리를 내었다.

〈동산 선사〉 "저 앞산을 걷게 해 보아라!"

〈천기신〉 벌떡 자리에서 일어나 동산 큰스님 주위를 세 바퀴 돌고는 앞에 우뚝 섰다.

〈동산 선사〉 "주지 스님, 이놈 머리 깎아 주시게"

그렇게 의사 천기신은 화엄 수좌로 탈바꿈하셨다.

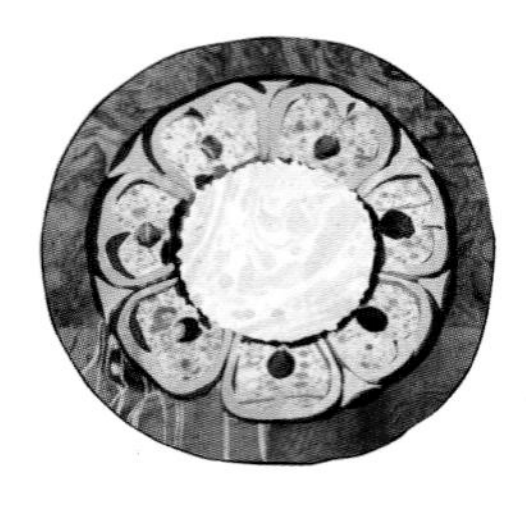

寒山華嚴

02

어머님의 기도

은사(恩師)이신 한산당(寒山堂) 화엄 대선사(華嚴大禪師)께서는 출가 전 일본에서 자랐고 의과대학을 나온 분이시다. 2차 대전 때 본인의 뜻과는 상관없이 일본군 군의관으로 필리핀 등에서 전쟁을 겪으셨는데 구사일생으로 살아 돌아오셨다.

전쟁터에서 구사일생으로 살아 돌아오시게 된 것은 어머니의 기도 덕분이었다. 영구암 시절 스승님은 밭 만드는 불사를 하지 않는 날은 나를 데리고 뒷산인 신어산에 올라 나무하길 좋아하셨다. 1977년 겨울 그날도 뒷산에서 나무 한 짐을 해놓고는 바위에 앉아 김해벌판을 바라보면서 얘기를 나누었는데, 왜 지장기도를 많이 하시는지를 여쭈어 보았다. 스승님께서는 다음과 같이 말씀하셨다.

"내가 전쟁터에서 살아 돌아오게 된 것은 어머님 기도 덕분이었지. 어느 날 정글 속 막사에서 잠을 자고 있는데, 어머니의 목소리가 들려 잠을 깼었어. 그런데 막사 밖에서 어머니가 계속 부르시는 게야. 막사를 나가 보니 둥근 등이 환하게 빛을 발하면서 어머니의 목소리가 그 등에서부터 들리더군. 내 이름을 계속 부르시기에 나도 어머니를 외치며 그 등을 따라갔지. 한참 등을 따라갔는데, 갑자기 포탄이 쏟아지는 게야. 놀라 돌아보니 내가 잠자던 막사에 포탄이 떨어졌고, 나만 살아남은 게지. 그렇게 몇 번의 기적 같은 일이 되풀이되었는데, 전쟁에서 돌아와 어머니의 얘기를 들어 보니 어머니가 매일 밤 기도를 하셨더군. 당시 어머니는 일본에서 국수장사를 하셨는데, 낮에는 장사를 하시고 밤에는 절에 가서 등(燈)공양을 올리시고는 새벽까지 지장보살님께 나를 살려주십사고 기도를 하셨다는 게야. 어머니와 지장보살님 덕분에 살아남은 게지. 하지만 전쟁터에서 숨져간 무수한 전우들을 잊을 수 없었고, 지장보살님의 큰 원력도 좋아서 지장기도를 많이 하게 되었어. 나도 인연 닿는 대로 많은 사람에게 도움이 되었으면 하는 원력이기도 하고."

나는 스승님 덕분에 참선공부도 제대로 할 수 있었지만, 지장기도 또한 누구보다 많이 한 편이었다. 그 덕분에 영가의 세계에 대해서도 아주 깊이 알게 되었고, 중국 황룡구에서는 저체온증으로 죽음 직전까지 갔으나 지장보살님 화현을 만나 목숨을 건지기도 했었다.

▣ 은사 한산당 화엄 대선사의 지장보살도. 개화사 주지실에 모신 것. 병인(1986)년 초여름 은사 스님을 뵈러갔다가 스승님 대신 새벽기도를 세 시간 하고 나왔더니 "송강 수좌 덕분에 지장보살님을 잘 조성했어!"하시며 선물로 주신 작품.

寒山華嚴

03

첫 만남

은사이신 한산당 화엄 대선사와의 만남은 자취하던 중학생 시절로 거슬러 올라간다.

사돈집(큰누나 시댁)에서 중학교 생활을 시작하고 반년이 지났을 때, 사돈집의 불화 등을 알게 된 부모님은 누나와의 자취생활을 허락하셨다. 지리산 아래의 시골생활이 싫었던 셋째 누나가 내 뒷바라지를 이유로 탈출할 의도도 다분히 작용하여 성사된 일이었다.

당시 부산생활을 젊어서부터 하신 작은아버님 댁이 당감동에 있었기 때문에, 아버님은 의지할 곳이 있어야 한다며 당감동에 자취방을 구해주셨다. 누나는 아침 일찍 공장에 나가 한 푼이라도 더 벌겠다며 야근을 하고는 밤늦게 왔기 때문에, 거의 혼

▣ 은사이신 한산당 화엄 대선사.
(1979년 영구암 주지 채 앞에서 기자들의 요청에 의해 촬영된 사진임.)

자 자취하는 것이나 다름없었다. 창도 없는 어두운 방이 답답했던 나는 일요일이면 뒷산에 있던 화장장(火葬場)에 놀러가기 시작했고, 온통 공동묘지였던 주위가 너무나 평화로워 독서할 장소로 정했다. 점차 일하는 분들과 친해져서 출입이 금지된 뒤쪽 창을 통해 시체가 태워지는 모든 과정을 지켜보기도 했다. 1965년의 시설은 지금과 달라서 다 타기까지는 꽤 오래 걸렸는데, 뼈를 빻는 옆에서 구경하곤 했다.

그러다가 발길이 백양산(白楊山) 높은 곳에 있는 선암사(仙巖寺)에 닿았고, 선암사가 신라 원효대사의 창건이었다는 것을 알게 되었다. 그 후로는 화장장에 가던 걸음이 자연스럽게 선암사로 향했다. 내 초등학교(국민학교) 시절부터의 롤모델(role model)이 원효대사였기 때문이다.

당시의 선암사는 논밭이 있어서 스님들이 농사를 지으셨고, 농사를 담당하던 소도 있었다. 우거진 고목들 사이에 높은 돌담이 있었고, 그 위에 큰 법당과 선방 및 요사채 등이 있었다. 그 모든 곳이 내 놀이터였다.

날씨가 무척 더운 어느 날이었다. 너무 더워서 공양간 뒤쪽 삼성각인지 독성각인지 옆에 있는 작은 폭포 아래의 못으로 훌렁 벗고 들어갔다. 한참 독서를 즐기는데, 갑자기 호령 소리가 들렸다.

"너 이놈 뭣 하느냐?"

돌아보니 인자하신 노스님이 미소를 띤 표정으로 보고 계셨다.

"더워서 잠시 식히고 있습니다."

"연못이 네 것이냐?"

"그럼, 스님 것입니까?"

"이놈아, 절에 속한 것이니까 내 것이라고도 할 수 있지!"

"지금은 제가 차지하고 있으니까 제 것이라고 할 수 있지요."

"허, 이놈 봐라! 옷 입고 따라오너라!"

그렇게 석암 큰스님과 인연이 시작되었다. 그 후로는 올라가면 시자(侍者)처럼 큰스님 방에서 주로 지냈다.

당시 유일하게 큰스님의 방을 자기 방처럼 드나드는 분이 계셨는데, 선방 입승을 맡고 계셨던 화엄 선사셨다. 석암 큰스님으로부터 나와의 첫 대면 얘기를 들은 화엄 스님은 "이놈 내 상좌로 삼읍시다." 하셨고, 석암 큰스님은 "이미 내 상좌일세." 하고 받으셨다. 그렇게 나는 졸지에 스승이 두 분 생겼었다.

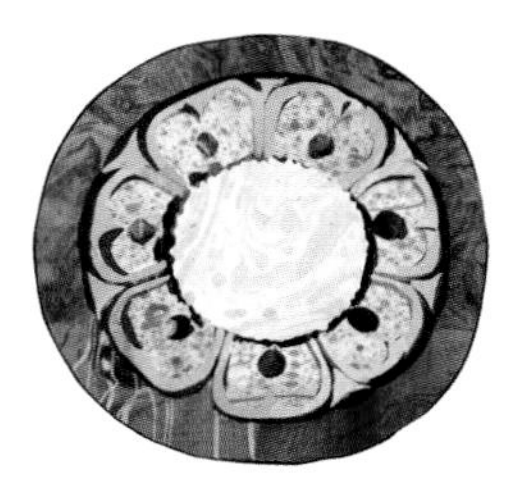

寒山華嚴

04

반야심경

불교학생회에서 활동하던 고2 여름방학 수련대회는 범어사 해행당(解行堂)에서 행해졌다. 범어사에서 정해준 지도 법사 스님이 계시긴 했지만, 주로 내가 죽비를 잡고 좌선과 1천배 예참 등을 끌고 간 수련대회였다.

나는 당시 범어사 선원장(禪院長) 겸 유나(維那–큰 절의 두 번째쯤의 지위에 해당하는 소임)인 화엄 선사께 법문을 청했다. 고등학생수련대회에서 법문을 하실 어른이 아니었지만, 개인적인 인연으로 간청을 해서 허락을 받았던 것이다.

스님께서는 『반야심경』을 풀이해 주셨는데, 기존의 설명이나 책에서 보던 내용과는 판이하게 다른 말씀을 해 주셨다.

「우리가 사는 세상은 거친 바다와 같지. 우리는 이 바다를 건너 저쪽의 행복이라는 항구까지 가야 해요. 지식이라는 암초에도 눈 · 귀 · 코 · 혀 · 살갗 · 마음이 일으키는 거친 파도에도 가라앉지 않을 튼튼한 배가 있어야 하는데, 그게 반야(般若, prajna)라는 지혜의 배에요. 이 배는 각자 스스로가 저어야 하는데 바라밀(波羅蜜)이라는 노가 있어야 합니다. 바라밀이란 것은 끝없이 실천한다는 인도말이에요. 잘 베풀고, 자신을 잘 지키며, 잘 포용하고, 열심히 목표를 향해 노력하며, 항상 마음을 정갈하게 하고, 자기 마음을 맑고 밝은 빛으로 가득 차게 만든다 이 말입니다.

그 어떤 것에도 의지하지 않고 쉼 없이 노를 젓다 보면 자신의 몸과 마음으로부터 자유롭게 되고, 세상의 모든 대상으로부터도 자유롭게 됩니다. 그러면 두려움도 없고, 잘못된 생각을 일으키지도 않게 된다는 말입니다. 부처님께서 깨달음에 이르신 방법이 바로 이것입니다. 그러니 우리도 부처님처럼 반야의 배를 타고 열심히 바라밀의 노를 저어 해탈의 언덕인 열반(涅槃-寂滅)에 도달해야 하겠지요?

자! 따라해 볼까요. '아제아제 바라아제 바라승아제 모지 사바하' 무슨 말인고 하니, '저 깨달음의 언덕에 반드시 건너가겠습니다.' 그런 말이에요.」

대략 이런 말씀을 하신 후 껄껄 웃으시고는 선원으로 올라가셨다. 이 법문을 들은 후로 나는 한동안 망망한 바다에서 작은 배를 타고 노 젓는 꿈을 꾸었다.

수련대회를 마치고 인사를 여쭈러 갔더니 초서로 쓴 액자용 반야심경을 주셨다. 청년회 선배가 갖고 싶어 하기에 선물로 주었는데, 그 이후론 스승님의 초서 붓글씨를 볼 수 없었다.

▣ 70년대 김해 영구암 정기법회를 비롯한 중요한 날에 빠짐없이 참석하던 불자가족들의 부탁으로 촬영.

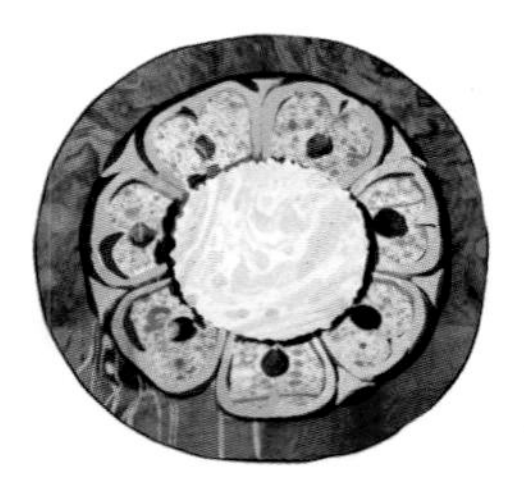

寒山華嚴
05

뱀 이야기

고등학교 3학년 봄 어느 일요일이었다. 선후배들이 범어사 암자순례를 하자고 해서 함께하기로 했다. 부산대학교에 모여서 동래 산성으로 올라가 국청사(國淸寺)를 참배하고 북쪽으로 이동해 가장 높은 암자인 미륵암(彌勒庵)을 거쳐 동쪽으로 내려가 원효암(元曉庵)에서 잠시 땀을 식혔다. 그리고는 범어사 뒤의 금강암(金剛庵), 대성암(大成庵), 안양암(安養庵)을 거쳐 범어사를 참배했다. 그런 후 마지막으로 선원(禪院)에 계신 화엄 큰스님을 친견키로 했다. 선원(禪院)은 일반신도들의 출입이 통제되는 곳이었으나 평소 내 집처럼 들락거리던 곳이므로 선객스님들도 웃으며 반겨주었다.

큰스님을 찾아뵙고 다담(茶談)을 나누던 차에 내가 재미있는 얘기를 부탁드렸다. 스님께서 다음의 얘기를 해 주셨다.

「내가 오래전 산행을 하다가 움막을 짓고 사는 땅꾼을 만났지. 그 땅꾼은 독이 오른 독사를 손에 쥐고 내게 받을 수 있겠느냐고 하더군. 받아 들고 있다가 잘못되면 물려 죽게 될 것이고, 그렇다고 죽이자니 살생을 하게 될 것이라 진퇴양난이었지. 잠시 주춤거리자 그 땅꾼이, "공부 좀 한 줄 알았더니 이거 완전히 땡초로군!" 하더란 말이지. 억울하고 분해서 열흘 동안 잠을 자지 않고 용맹정진을 하고는 답을 찾았지. 그래서 움막을 찾아갔더니 흔적도 없더군. 뒤늦게 깨달았지. 그이가 바로 선지식이었다는 것을.」

내가 질문을 했다. "그 답을 지금 말씀해 주실 수 있겠습니까?" 스님께서 벌떡 일어나시더니 빙그르 춤을 추시었다. 그러시고는 "알겠느냐?" 되물으셨다. 그래서 내가 양팔을 올려 알통을 만들어보였다. 그랬더니 스님께서 "아직 풋 열매로군!" 하셨다.

범어사에서 내려오는 길에 한 선배가 물었다. "아까 그게 무슨 뜻이냐?" "스님께서는 이미 땅꾼의 경지를 넘어섰음을 말해주신 것이고, 내가 한 행위는 그 독사를 잡아먹어 몸보신을 했다는 뜻이었어." "그런데 풋 열매라는 것은 무슨 뜻이야?" "아직은 먹을 수 없다는 뜻으로 공부 더 하라는 말씀이었어."

더 궁금해하는 선배를 위해 내가 뜻풀이를 했다. "독사는 탐욕과 화냄과 어리석음 등의 독한 번뇌를 뜻하고, 춤을 추신 것은 이미 지혜로 바꾸어 자유자재하게 쓰신다는 뜻이었어. 내가 한 답은 그 번뇌도 잘 쓰면 우리의 삶에 도움이 된다는 뜻이었는데, 솔직히 그 답은 알음알이 수준이니 창피한 일이지 뭐."

그러자 옆에 있던 선후배들이 "거참 무슨 아리송한 말인지 모르겠네." 하고는 나를 이상한 놈이라는 듯 보았다.

▣ 선방에 다니던 시절 해제 기간에
스님과 선문답을 나누던 사진.
(1978 부산의 불교문화원 개원식에서.)

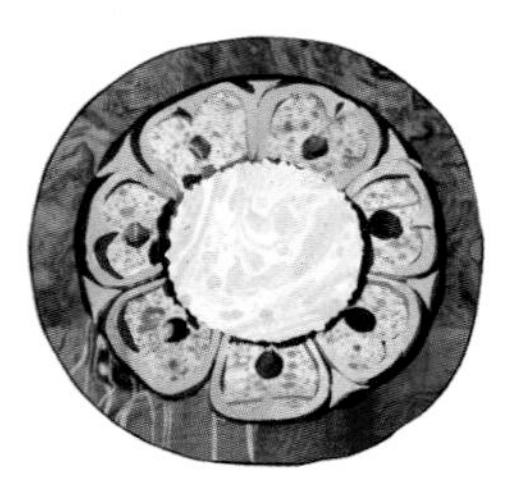

寒山華嚴

06

물의 때

나는 고등학교 불교학생회 활동을 하면서도 주로 청년회 선배들과 많이 어울렸다. 용두산 아래 대각사의 청년법회에 참석했고, 고등학교 졸업 후 초량 소림사에서 부산불청(釜山佛靑)법회를 할 때는 교화부장도 맡았었다. 참선 수행을 하는 선배들과는 일요일마다 몇 시간씩 좌선을 함께했는데, 주로 10~15세 위의 형들이었다.

범어사 큰절에서 북쪽으로 암자가 둘 있다. 내원

암(內院庵)과 청련암(靑蓮庵)이다. 좌선수행을 하던 우리 모임은 내원암에서 범어사 선원장 겸 유나(維那)로 계셨던 화엄 큰스님의 지도로 이루어졌다.

당시의 내원암은 계곡 북쪽에 맞대어 있었는데, 입 구자(口)형 구조였다. 건물의 한쪽에 있던 대문을 통해 들어가면 가운데 화초가 있는 정원을 두고 동서남북으로 건물이 이어져 있는 형태였던 것으로 기억된다. 남쪽 건물에 큰방이 있어서 그곳에서 일요일마다 좌선을 했는데, 화엄 큰스님께서 직접 죽비를 잡으시고는 네 시간 정도의 좌선을 함께해 주셨다. 청년들로서는 감히 엄두도 낼 수 없는 특혜를 받는 지도였던 것이다.

어느 날 차를 마시면서 소참법문(小參法門)을 하셨다. 소참법문이란 정식으로 법상을 차리지 않고 차를 마시거나 공양 후 간단하게 하는 설법이다.

"내가 온천장에서 목욕을 하는데 나이 많은 거사

님이 갑자기 '대사님 몸의 때는 물로 씻는다지만, 물의 때는 어떻게 없앨 수 있습니까?'하고 질문을 하더군. 자! 뭐라고 하면 되겠는가?"

내가 말씀드렸다. "몸도 이미 공하거늘 무슨 물 때를 논한답니까?"

큰스님께서 웃으시면서 말씀하셨다. "들은 것은 있어서 말은 잘하는구나. 하지만 거사의 질문에 대한 답으로는 어긋났다."

내가 다시 여쭈었다. "그럼 스님의 답은 무엇이었습니까?"

큰스님께서 허공에 손가락으로 수(水)자를 쓰셨다.

내가 여쭈었다. "거사님이 뭐라고 하던가요."

큰스님께서 껄껄 웃으시면서 "절밥도둑은 아니로군." 하더군.

내가 깊숙이 인사를 올리자 스승님께서 고개를 끄덕이셨다.

기분 좋게 하산하는 길에 선배들이 물었다. "초연거사는 무슨 뜻인지 알겠어?" 초연(超然)은 석암 큰스님께서 주신 당시 내 수계법명이었다.

"제가 뭘 알겠습니까마는 거사님은 큰스님의 마음을 물은 것 같고, 큰스님께서는 이미 허공과 같으니 물 따위에 마음 두겠느냐는 뜻으로 답하신 것 같습니다."

▣ 1978년 가을 부산의 모 불교문화원 개원행사에서 소참법문을 하시던 모습.

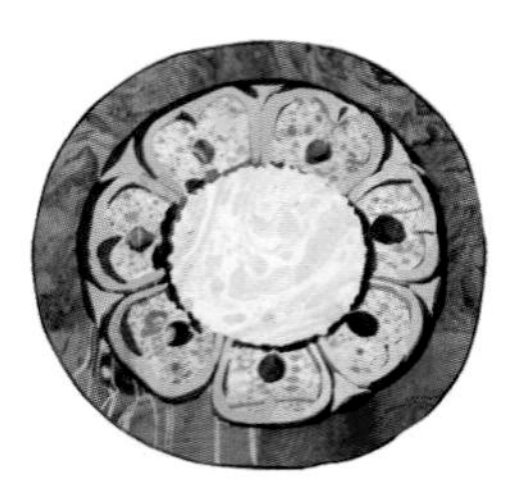

寒山華嚴
07

크게 죽어라

▣ 모든 것을 초월한 이의 경지 – 네팔 카트만두 보오드나트(보오다나트) 사원 내에 있는 작품.
(석정보 스님이 페북에 올린 것을 허락받고 사용함.)

고3 1학기 때 생각지도 않은 변수가 생겼다. 담임선생님이 조회시간에 내게 다가오시더니 이마를 짚어보시고는 빨리 병원엘 가보라는 것이었다. 집으로 가서 어머니와 병원을 갔더니 원장이 어떻게 걸어왔느냐는 것이었다. 이유인즉 체온이 41도에 이르렀는데, 죽거나 실려 온다는 것이었다. 결과는 폐결핵이었다.

휴학을 하고는 부산 남부민동 대법사 주지이셨던 여환(如幻) 스님의 배려로 방 하나를 쓸 수 있게 되었다. 병원에서 처방해 준 약을 5일간 복용했더니 얼굴이 검어지면서 구토가 일어나는 것이, 약 먹다가 죽겠다는 생각이 들었다.

나는 스승님 화엄 큰스님을 찾아뵙고는 사정을 말씀드렸다. 그때 스승님께서 해 주신 법문은 '백척간두진일보(百尺竿頭進一步) 대사일번저(大死一番底)'였다. '백 자 높이의 장대 끝에서 다시 한 걸음 나아가라. 크게 한 번 죽어라!'

이것은 중국 당대(唐代)의 장사 경잠(長沙景岑) 선사의 법문에 나오는 게송을 변형시킨 것이다. 원래는 '백척간두진일보(百尺竿頭進一步) 시방세계현전신(十方世界現全身)'으로, '백 자 되는 장대 위에서 한 걸음 나아간다면 세상 모든 것들이 온전히 제 모습을 드러낼 것이다.' 하는 뜻이었다. 이것을 후대의 선사들이 뒤의 구절 대신 '대사일번저(大死一番底)'라고 하는 구절을 넣어 최고의 경지마저도 초탈할 것을 강조한 것이었다.

나는 그길로 대법사로 돌아가 결핵치료 약을 모두 쓰레기통에 버렸다. 그리곤 부처님 전에 원을 세웠다. "부처님, 제가 불법(佛法)을 위해 쓰일 재목이 된다면 살려 놓으시고, 재목이 아니면 버려두십시오." 그리고는 그때부터 매일 두 시간에 걸쳐 천배의 예참(큰절을 하면서 참회하는 것)을 하고 지장보살 정근을 네 시간씩 하였으며, 여섯 시간 정도는 좌선을 하였다.

4개월 후 병원장이 놀랍다는 표정을 지으며 말했다. "학생은 참 약을 잘 복용했나 보네. 내 의사 생활 40년에 이렇게 빨리 나은 사람 처음 보는군."

그 어떤 것에도 머물지 말라는 '백척간두진일보(百尺竿頭進一步) 대사일번저(大死一番底)'의 선구(禪句)는 스승님께서 법문하실 때 가장 즐겨 쓰신 활구(活句)였다.

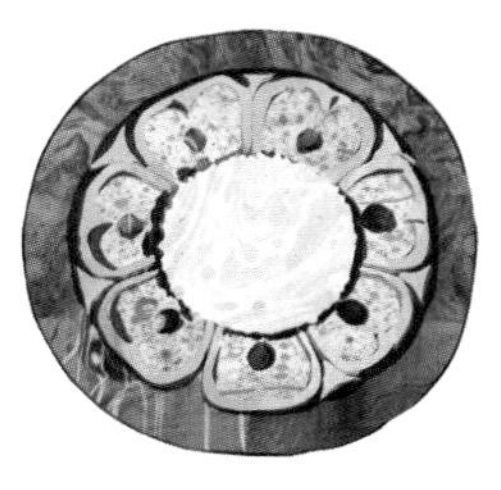

寒山華嚴

08

영구암으로

▣ 그나마 가장 잘 정리된 영구암 바로 아래 구간의 돌계단 길.
(2013년 10월 29일 은사 스님 12주기 다례 날에 촬영.)

어린 나이에 석암(昔巖), 화엄(華嚴), 탄허(呑虛), 향곡(香谷), 경봉(鏡峰), 해산(海山) 큰스님들의 지도로 계율(戒律)과 교학(敎學)과 참선(叅禪)을 배우고 익힐 수 있었으니 참 불법과의 인연이 깊었나 보다. 하지만 그럼에도 불구하고 생사의 문제는 아득하기만 했다. 결국 혼자서 '만법귀일(萬法歸一) 일귀하처(一歸何處)' 화두를 들고 본격적으로 참선에 뛰어들었다. '모든 법이 하나로 돌아가는데, 그 하나는 어디로 돌아가는가?' 이 의심으로 혼자서 3년을 씨름하다 보니 화두병(話頭病)에 걸리고 말았다. 문이 없는 투명한 무쇠상자에 갇히고 만 것이다. 오직 나에게만 보이는 이 상자는 점차 강해져서 나를 옴짝달싹할 수 없게 만들었다. 몸은 점차 야위어갔고 움푹 들어간 눈은 산짐승처럼 반짝였다.

형이 차린 가게를 맡아 운영했지만 완전히 흥미를 잃었고, 세상 모든 것이 부질없었다. 형에게 양

해를 구하고 가게를 쉬며 보름을 친구 방에서 꼼짝을 하지 않고 벽과 씨름한 후 자리를 박차고 일어났다. 더 이상 미루면 미치고 말 것이라는 예감이 들었던 것이다. 그동안 스승님은 범어사 주지 자리를 팽개치고 김해로 가셨다는 소식은 들었기에 무작정 김해로 갔다. 그리곤 가장 큰절이라는 은하사(銀河寺)로 향했다. 범어사 주지를 하셨던 분이니 당연히 가장 큰 절 주지를 할 것이라는 생각이었던 것이다. 하지만 어렵게 간 은하사에는 스승님이 계시지 않았다. 지나가던 노장님께서 스승님 법호를 들으시고는 뒤쪽의 영구암(靈龜庵)에 계신다고 귀띔해 주셨다.

영구암을 두 차례 올랐으나 스승님은 초청법사로 출타하시어 만나질 못했다. 세 번째 영구암을 오르던 날은 늦가을 낙엽으로 돌계단 길도 사라졌었다. 땀을 흘리며 법구경을 새긴 돌비석이 있던 중턱에 이르렀을 때 스승님이 내려오고 있었다. 3

년 만의 재회였다. 땅바닥에서 삼배를 올린 나에게 "자네, 웬일인가?" 하시며 웃으셨다. "스님을 시봉하고 싶습니다." "자넨 밖에서 공부해도 되지 않나?" "막혔습니다!"

스승님은 더 이상 묻지 않고 30리 길을 걸어 김해 시장으로 날 데려가셨다. 그리곤 씨감자 한 말을 사시더니 "짊어지고 올라가게! 내년엔 감자 농사가 풍작일 거야." 하셨다. 그리곤 대구로 특별 법문을 하러 떠나셨다.

나는 다시 30리 길을 걸어 어둠에 묻혀 보이지도 않는 돌계단 길을 올랐고, 그 밤 면도칼을 빌려 혼자서 삭발을 했다.

▣ 은하사와 영구암 사이에 있는 법구경 비석.
(2013년 10월 29일 은사 스님 12주기 다례 날에 촬영.)

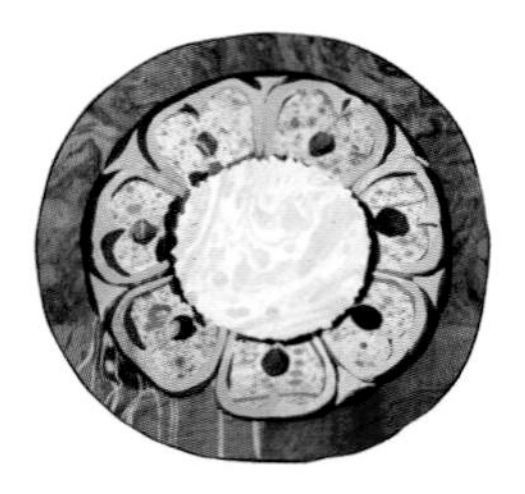

寒山華嚴

09

법명을 주심

혼자 삭발을 한 이틀 후 대구의 특별법회에서 돌아오신 스승님은 삭발하고 승복을 걸친 내 모습을 보시더니 껄껄 웃으시며 “환지본처(還地本處)로군!” 하셨다. 본래 있던 자리로 돌아왔다는 뜻으로 이미 전생부터 수행자였음을 아셨던 모양이다. 내가 전생부터 수행자였다는 것은 그 뒤 삼매에 들었을 때 스스로 확인했었다. 인사를 드리고 꿇어 앉아 있었더니 “스스로 삭발을 하였으니 이름을 줘야 하겠지?" 하시더니 붓을 드셨다.

그때 내가 말씀드렸다.

"청이 있습니다."

"무엇인가?"

"제가 이틀간 살펴보니 시봉(侍奉)들 이름이 보배 보(寶)자로 시작하더군요. 저는 보배 보자 아니었으면 합니다."

"왜?"

"이미 보배인데 굳이 이름에 보배 보자를 넣을 필요가 있겠습니까?"

스승님께서 껄껄 웃으셨다. 그리곤 잠시 생각하시더니 종이에 '송풍취강월조(松風吹江月照)' 여섯 글자를 적으시고는 송(松)과 강(江)에 점을 찍으셨다.

"마음에 드시는가?"

"감사합니다." 말씀을 드리고 삼배를 올렸더니 "이제부터는 송강 수좌일세!" 하셨다. 수좌(修座,

修坐)란 '참선 수행하는 스님'이라는 뜻으로 어른 스님이 젊은 스님을 존중해주는 뜻으로 부르는 호칭이다. 한자가 다른 수좌(首座)는 방장 또는 조실 스님의 바로 아래 직위를 뜻한다. 스승님께서는 단 한 번도 행자(行者)라는 호칭으로 부르지 않으셨고 늘 '송강 수좌'로 부르셨는데, 이 때문에 처음 보는 스님들이 '송강 스님'이라고 부르는 통에 늘 "저는 행자입니다"라고 정정해 밝혀야만 했었다. 중학교 때 이미 수계를 하고 석암 큰스님과 화엄 큰스님을 시봉했었기에 스승님께서는 행자라고 생각지 않으시는 듯했다.

'송풍취강월조(松風吹江月照)'라는 구절은 육조 혜능 선사의 제자인 영가 현각(永嘉玄覺, 665~713)선사의 '깨달음의 노래' 『증도가(證道歌)』에서 가져온 것이다. 원래는 이렇다.

강월조송풍취(江月照松風吹)

강에는 달 비치고 소나무엔 바람 부니

영야청소하소위(永夜淸霄何所爲)

긴긴 밤 맑은 하늘 무슨 할 일 있으랴

이것은 깨달은 사람의 경지를 읊은 것으로, 이미 자유자재한 경지에 있음을 뜻하는 말이다. 스승님은 앞 구절 순서를 살짝 바꿔 한 글자씩 따서 법명으로 내려 주신 것이었다.

▣ 1977년 여름의 영구암 오른쪽 자락. 영구암이 있는 신어산(神魚山) 자락을 영남의 금강산이라고도 한다. (당시 영구암을 오르내리던 청년이 찍은 사진을 스캔한 것.)

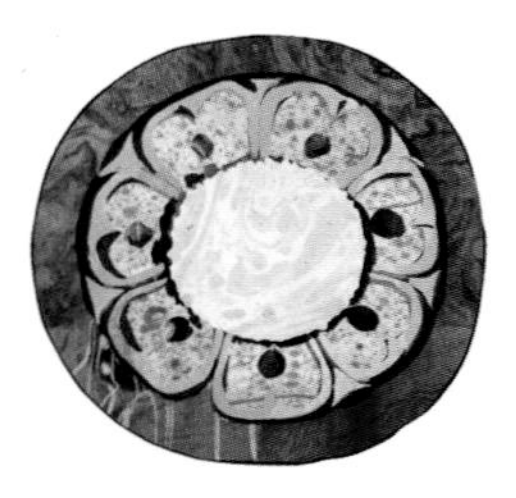

寒山華嚴

10

노동선(勞動禪)

영구암으로 출가해 다시 만난 스승님은 예전의 거룩한 법문과 가까이하기 어려운 큰스님이 아니셨다. 식구라고는 나를 포함한 행자 둘과 처사 그리고 스님 같지 않은 객승 셋이 전부였다. 객승들은 밥 먹는 것 외는 어떤 일도 하지 않았고 불만이나 일삼던 사람들이었다. 공양을 짓는 일은 처사와 내가 도맡아야 했고, 가끔 신도들이 밑반찬 만들어주는 것이 전부였다.

예불도 큰스님께서 도량석(道場釋-새벽에 가장 먼저 하는 의식으로 천수경이나 법성게 또는 화엄경 약찬게 등을 외우면서 대중을 깨우고 도량을 정비하는 의식)과 종송(鐘頌-예불 전에 종을 치며 염불을 하는 것) 및 예불 그리고 독경과 정근 축원까지 직접 다 하시었다. 법명을 받은 이틀 후 스승님께서 입으시던 장삼을 주실 때, 스승님께서 하시던 예불과 기도를 대신하겠다고 했더니 허락을 해 주셨다. 그로부터 일과는 이랬다.

새벽 2시 기상-법당 정리-도량석-종송-예불 독경 정근-도량 청소-아침 공양 짓기-스승님 방 청소 및 세숫물 대령-아침 공양-설거지-세탁-밭 만들기 또는 나무하기-점심 공양 짓기-사시불공-사시공양-설거지-밭 만들기 또는 나무하기-저녁 공양 짓기-저녁 공양-설거지-예불 독경 정근-스승님 방 정리와 세숫물 대령-스승님 먹 갈아 드리기-시중들며 차 달이기-스승님 불편한 부분 지압

하기-잠자리 봐 드리기-11시 반에 내 방으로 돌아옴.

물론 이 가운데 몇 가지는 자청해서 한 일이었다. 특히 시중을 들 때 스승님의 과거 수행담을 들을 수 있었기에 가장 좋아한 시간이었다.

이렇게 두 시간 정도 취침하던 일과는 2년간 지속되었고, 그 이후에도 40대까지는 거의 두 시간 취침을 고수했었다.

위의 일과 가운데 밭 만들기와 나무하기는 스승님께서 대부분 함께하셨는데, 그때마다 농담처럼 던지는 말이 가장 큰 법문이었다.

스승님은 내게 특별한 경전이나 어록 등을 말씀하시지 않으셨다. 몸소 함께 노동선(勞動禪-일하는 자체가 참선)을 해 주심으로써 이끌어주신 것이다.

▣ 사진의 가운데 보이는 밭이 1970년대 중반에 스승님과 만든 것들이다. 급경사에 바위를 쌓아 만들었고 농사짓기 위해 40cm 정도 흙을 덮었다. 좌우로 10개가 넘는 밭이 있다.
(2013년 10월 29일 은사 스님 12주기 다례에 참석하여 촬영.)

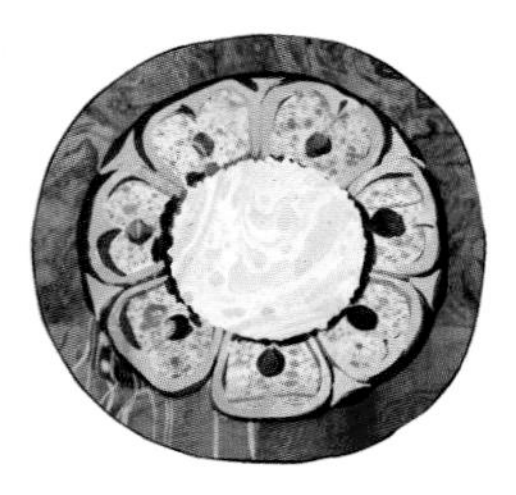

寒山華嚴

11

분별에 떨어지지 말게

영구암에서의 생활 가운데 육체적으로 가장 힘든 일은 밭 만들기였다. 온통 바위투성이인 급경사 비탈에 밭을 만드는 일은 만만치 않았다.

▣ 영구암 도량 뒤에 있는 얼굴 바위.
– 사진의 중앙에 사람의 얼굴 옆모습이 보인다.
– 나무하러 다닐 때 늘 옆을 지나다니던 바위.
(얼벗(페친) 이상익님이 보내준 사진.)

30~150kg의 바위를 높이 2m 내외로 쌓고, 뒤는 돌로 거의 채운 뒤 흙을 40cm 정도 덮어야 밭 한 뙈기가 되었는데, 농한기에 용돈이라도 벌까 하고 올라왔던 김해의 농부들도 사흘이면 내려가는 힘든 노동이었다. 하지만 보이지 않던 무쇠상자에 갇혀 있던 내게는 노동이 문제가 아니었다. 아득히 우러러보던 스승님이 함께해 주신 일인지라 오히려 기쁜 일과였다.

정작 나를 힘들게 한 것은 스님 같지 않은 객승 셋이었다. 조계종의 승적도 없고 타종단의 승적도 없이 절에서 세월을 보낸 땡초들이었기에 불교교리도 몰랐고 염불도 할 줄 몰랐다. 큰스님이 직접 하는 밭 만들기를 비롯한 일체의 사중(寺中) 일에도 불참했고, 오히려 방에서 낮잠이나 자면서 예사로 담배를 피웠다. 뿐만 아니라 신도들에게 손을 내밀어 돈이 생기면 산 아래에 내려가 술에 취해 올라와 고함을 지르면서 잠도 자지 못하게 하는, 한마디로 타락한 사람들이었다.

삭발을 하고 6개월쯤 지났을 무렵 계속되는 시비를 참지 못하고 내가 일장 연설을 하고 말았다. 나로부터 스님 같지도 않은 짓을 그만두라는 훈계를 들은 그들은, 내가 스승님 방에서 차를 우리는 시간에 들어와 행자가 시건방지다며 오히려 스님께 벌을 내리라고 요청을 했다.

그들을 돌려보낸 후 스승님께서는 다음부터는 그러지 말라고 조용히 말씀하셨다. 나는 평소 하고 싶었던 말을 기어코 스승님께 하고 말았다.

"스승님께선 어째 사람 같지도 않은 저들을 영구암에 머물게 하십니까? 조계종 스님도 아니고 심지어 신도들 모두 싫어하지 않습니까? 영구암이나 스승님께는 해만 되는데 어찌 가만 두십니까?"

"송강 수좌! 저들이 자네의 공부를 방해하던가? 오히려 자네의 마음이 고요해졌는지를 알게 해주는 반면교사(反面教師-부정적 역할이 오히려 스승

역할이 된다는 것) 아니던가? 자네에게 영구암이나 신도들 걱정을 하라고 하던가? 자네 왜 여기 와 있는가? 신도가 안 오면 우리끼리 사는 게야. 옳고 그름을 따지고 있는 한 자네의 해탈은 요원할 게야. 그러니 분별 일으키지 말게. 그리고 저들은 불쌍한 사람들이야. 내가 쫓아내면 어딜 가겠는가. 저들의 인과는 저들 스스로 받을 것이니 자네가 걱정하지 마시게!"

이 말씀을 듣는 동안 내 등에서는 식은땀이 비 오듯 했다. 나는 스승님께 큰절을 올리며 내 경솔했음을 참회했다. 그로부터 나는 그들을 볼 때마다 공손히 예를 올렸고, 온갖 요구를 다 들어주려고 노력했다. 결국 그들도 오래지 않아서 나를 어려워하기 시작했다. 내 마음이 고요해졌을 때, 그들은 영구암에서 모습을 감추었다.

어쩌면 그들 또한 나의 공부를 돕기 위한 보살의 화현이었는지도 모를 일이다.

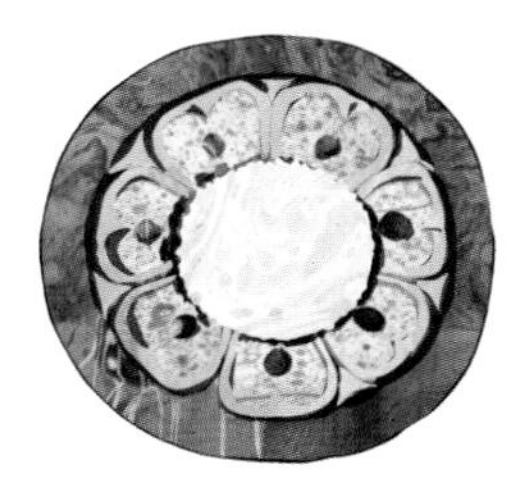

寒山華嚴
12

사람의 도리

영구암에 오른 지 그리 오래지 않아 스승님께서는 부모님께 허락을 받고 왔는지를 물으셨다. 다급한 마음에 허락을 받지 않고 그냥 왔다고 하자 사람의 도리가 그런 것이 아니라며 허락을 받고 오라는 것이었다.

다음날 아침 공양을 지어 올리고는 30리 길을 걸어 시외버스를 탔고, 그로부터 두 시간 후 부산 부전동 속가에 도착했다. 걸핏하면 절에 가 있던 아들인지라 몇 달 소식이 없어도 절에 갔나 보다고 생각하셨던 부모님도, 막상 삭발하고 승복을 입은 나를 보시자 많이 놀라셨다. 어머님은 계속 울먹이셨고 아버님은 조용히 눈을 감으셨다. 무릎을 꿇고 나는 출가할 수밖에 없는 심정을 말씀드린 후 한 시간여를 기다렸다. 어머님은 우시면서 계속 만류하셨고 아버님은 말이 없으셨다. 이윽고 갈라진 목소리로 아버님이 말씀하셨다. "출가하지 않고는 살 수 없다면 절에 가야지."

나는 부모님께 마지막으로 큰절을 올린 후 집을 나섰다. 아버님은 마른기침만 하실 뿐 끝내 눈을 뜨지 않으셨다. 집 앞의 계단을 오르는데 어머님이 통곡을 하면서 계단을 기어오르다시피 하며 뒤를 따랐다. 마지막으로 한 번쯤 안아드리고도 싶었지만, 그러면 나도 참았던 눈물이 터질 것을 잘 알고 있었다. 나는 모질게 마음을 먹고 어머님을 돌아보지 않고 빠른 걸음으로 비탈길을 돌아 나왔다.

김해행 시외버스에 몸을 싣고 떠나며 바라본 그날 부산의 모습은 한없이 쓸쓸했다. 다시는 돌아올 수 없을 것 같은 낙동강을 지나고, 버스가 김해벌판을 가로지를 때까지 내 가슴은 그저 먹먹할 따름이었다. 버스에서 내려 들판에 홀로 섰을 때 비로소 나는 혼자만의 길 위에 서 있음을 알아차렸다. 어린 시절부터 그날까지를 되돌아보며 어방천 방죽 길을 걸어 신어산(神魚山) 초입에 이르렀을 땐, 흔들리는 억새에 붉은 노을이 걸려 있었다. 산자락에 주저앉아 타는 노을을 바라보면서 나는 비로소 대성통곡을 했다. 그 노을 속에서 한겨울 가가호호 기름을 파느라 찬바람에 갈라진 어머님 손등의 핏빛을 보았고, 당신의 마지막 희망이라던 나를 떠나보내면서도 마른기침만 하시며 끝끝내 뜨지 않았던 아버님의 충혈된 눈을 보았기 때문이었다.

얼마나 시간이 흘렀는지 몸에 한기가 파고들 때야 칠흑 같은 어둠 속 보이지 않는 돌계단 같은 비탈길을 더듬으며 올랐다. 자정 무렵 영구암에 도착

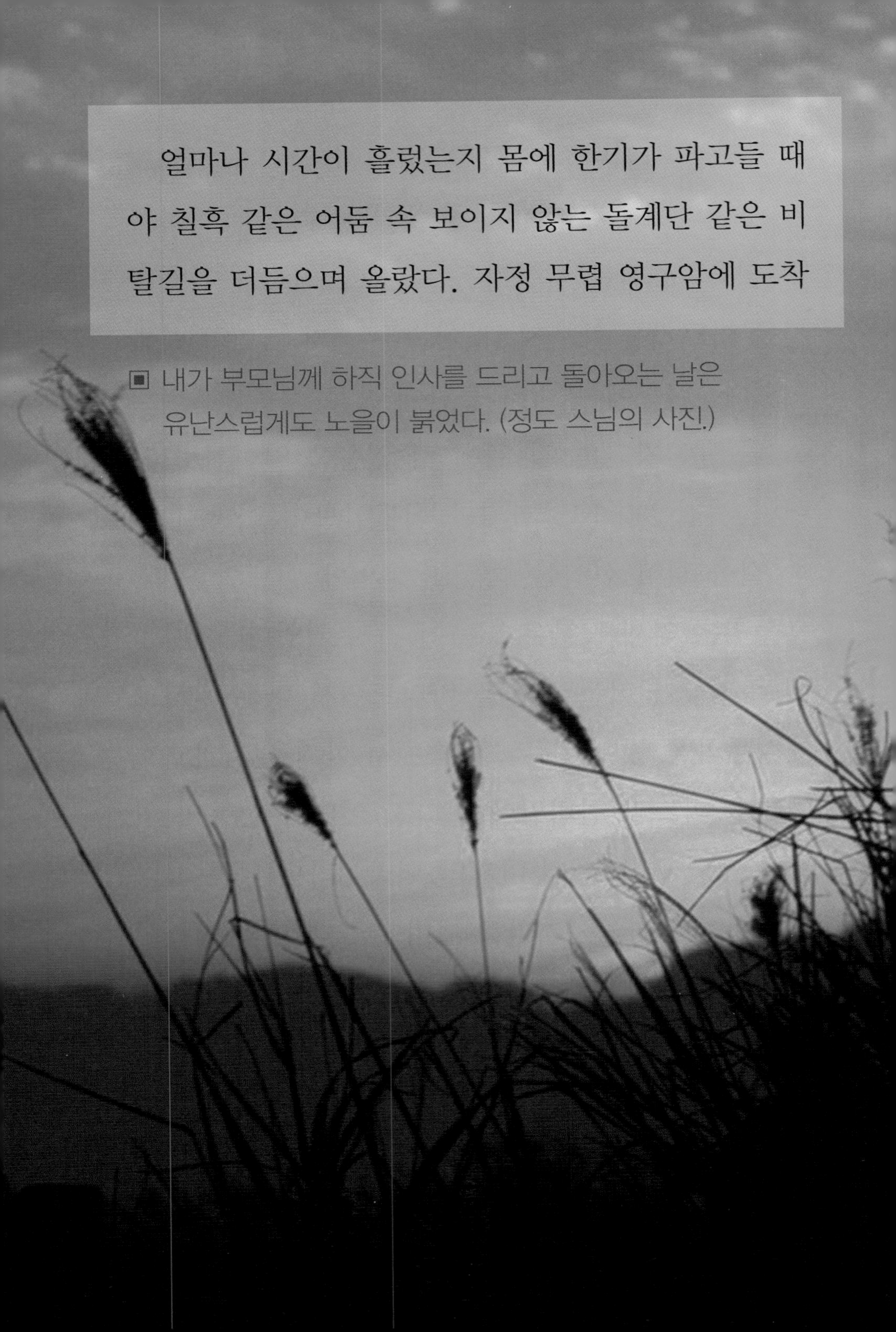

▣ 내가 부모님께 하직 인사를 드리고 돌아오는 날은 유난스럽게도 노을이 붉었다. (정도 스님의 사진.)

하니 스승님 방에서는 촛불이 일렁이고 있었다. 지친 모습으로 스승님께 인사를 올렸더니, 스승님은 내 등을 쓸어주시며 말씀하셨다. “잘 다녀왔구나!”

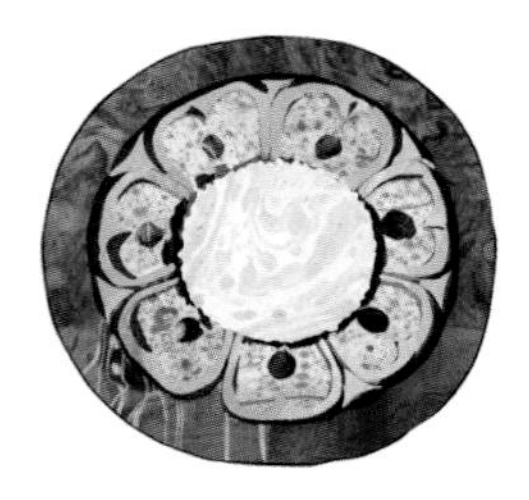

寒山華嚴
13

무엇이 도인가

스승님께는 선객들이 자주 찾아왔다. 그냥 문안 인사를 드리고 조언이라도 들을까 하고 오는 이도 있고, 법거량(法擧揚–수행자 사이에 불법의 핵심적인 것에 대해 문답을 주고받는 것)을 하기 위해 오는 이도 있었다.

높은 산의 영구암에서는 모든 것이 귀했다. 그래서 틈틈이 풀을 베어 쌓아놓고, 삭힌 분뇨를 끼얹어 퇴비를 만들어 둔다. 완전히 삭은 퇴비를 늦가을 또는 초겨울 빈 밭에 고랑을 파고는 파묻어두었다가 봄에 밭을 갈아엎어 잘 섞이도록 한 후에 파종을 하면 농사가 잘 되었다.

그날도 점심 공양을 마치고 배추를 뽑은 밭에 퇴비를 묻는 작업을 하고 있었다. 스승님도 직접 작업을 하고 있었는데, 누더기를 입고 어깨에 잔뜩 힘이 실린 선객이 찾아왔다.

"스님, 도가 무엇입니까?"

"자네도 내려와 일 좀 하게나."

"지금 바쁩니다. 도가 무엇입니까?"

"지금 퇴비 작업 하는 게 보이지 않는가?"

"알겠습니다."

선객은 그길로 돌아서서 가파른 돌길을 내려가며 고래고래 게송을 외쳤다.

"청산첩첩미타굴(青山疊疊彌陀窟)
창해망망적멸궁(滄海茫茫寂滅宮)"
겹겹의 푸른 산은 아미타불 거처이고

푸른 바다 끝없음 깨달음의 궁전이라.

여기까지 들으시던 스승님께서 비로소 허리를 펴시고는 "말귀도 어두운 놈이 무얼 물어. 앵무새처럼 떠들기나 하지 밥값도 못하는 놈 같으니라고." 하셨다.

스승님은 선객의 질문에 답을 해 주셨다. 온몸으로 도(道)와 하나가 된 사람의 모습을 보여 주셨고, 또한 함께 도(道)와 하나 되어 보시게 하는 답을 주신 것이었다. 하지만 선객은 자신의 질문에는 답을 해 주진 않고 일이나 시키려 한다고 받아들인 듯하다. 그래서 일부러 들으라고 누구나 아는 게송을 고래고래 외치며 산을 내려간 것이다.

▣ 바로 이 해우소(解憂所-화장실) 바로 앞의 밭에서 있었던 일화이다. 외형은 1970년대의 모습 그대로를 유지하고 있는 변소.

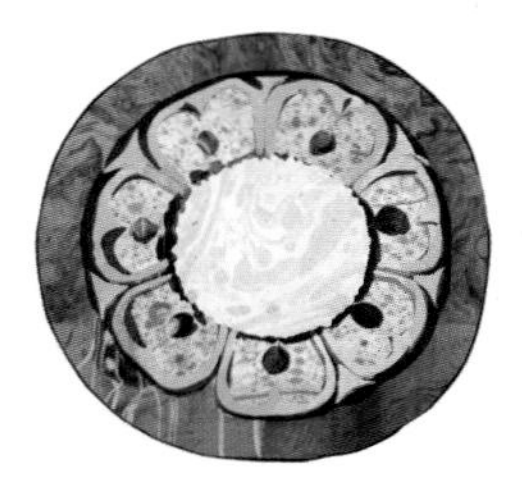

寒山華嚴
14

쌀 한 톨

대부분의 옛 스님들이 그러셨듯이 스승님은 매우 근검절약하는 생활을 강조하셨다.

어느 날 다른 일을 하다가 급히 공양을 짓기 위해 쌀을 씻어 일고 있었다. 그런데 느닷없는 호통소리가 뒷덜미를 때렸다.

"자네, 저것 무엇인가?"

스승님이 가리킨 곳을 보니 쌀 한 톨이 떨어져 있었다. 급하기도 했거니와 늦가을 찬물에 씻느라 손이 굳어서 나도 모르게 쌀 한 톨이 샘가에 떨어진 것이었다.

"자네가 여기 서서 종일 염불을 할지라도 쌀 한 톨도 생기지 않아. 그 쌀이 여기 올 때까지 그 얼마나 많은 사람들의 노고가 있었겠는가? 자네가 그렇게 복이 넘치는가?"

나는 그 자리에서 큰절을 올리며 참회를 했다. 그랬더니 일으켜 세운 뒤 다음의 얘기를 해 주셨다.

옛날 선객 둘이 어느 암자에 계신다는 도인을 찾아 올라가고 있었다. 그런데 마침 계곡의 개울물에 부서진 배추 잎 하나가 떠내려오고 있었다. 선객들은 암자가 가까운가 보다 예사로 지나치는데, 허리가 굽은 노승이 구르듯이 달려 내려오며 "스님들 배추 잎 좀 잡아주시구려!" 하는 것이었다. 선객들은 참 체통 없는 노인이라고 생각하며 배추 잎을 건져 주었다. 노승은 만면에 웃음을 띠고는 "참 다행이야, 참 다행이야!" 말하고는 마치 보물을 얻은 듯 배추 잎을 꼭 쥐고는 산길을 거슬러 올랐다.

선객들은 참 보잘것없는 노인네라고 생각하며 뒤를 따르다가 도인이 지금 암자에 계시냐고 물었다. 그러자 앞서 가던 노승이 그런 도인 암자에 없다는 것이 아닌가. "아니, 분명 도인이 계시다고 했는데요?" "도인은 무슨, 눈 어둡고 손에 힘이 없어 배추 잎이나 놓치는 늙은이가 하나 있을 뿐이라네." 선객들은 자신들의 안목 없음을 뉘우치며 존경하는 마음으로 노스님의 뒤를 따랐다.

나는 그날 이후 밥 한 알도 개수통에 나가는 일이 없게 하였고, 다른 사람들의 밥그릇에 남은 밥알도 다 먹는 습관을 갖게 되었다.

▣ 현재 영구암 법당의 삼존.
1970년대는 오른쪽의 지장보살상이 주존(主尊)이셨다.
(2013년 10월 29일 촬영.)

寒山華嚴
15

겨울 찬거리

해발 600m쯤에 위치한 영구암은 아랫마을과 기온 차이가 엄청났다. 겨울에 비가 올 때면 김해인데도 해발 500m쯤부터는 눈이 쌓였다. 겨울에는 스승님께 공양을 지어 올리면서 반찬 걱정을 할 수밖에 없었다. 김해시장까지는 비포장도로로 30리 길이었으니, 시장을 다녀오려면 하루가 걸렸다. 스승님은 워낙 소탈한 분이라 드리는 대로 드셨지만, 공양을 짓는 입장에서는 찬거리를 신경 쓸 수밖에 없었다. 어쨌거나 있는 재료로 해결할 수밖에 없었는데, 김치 두 가지와 된장과 간장이 기본이었고 감자 정도가 여분의 찬거리였다. 이것으로 돌려막기를 하려니 공양을 올릴 때마다 마음이 편치 않았다.

비록 어릴 때 자취생활을 했으나 그때는 쌀과 라면 그리고 왜간장만 있으면 혼자 입을 해결할 수 있었다. 하지만 어른을 모시는 것은 다르지 않은가. 이런 상황을 고려하여 스승님께서는 미리 추위를 잘 견디는 시금치와 고수(빈대풀)를 심었다. 그리고 늦가을에 낙엽을 두껍게 덮어주었더니 겨울을 잘 넘겼다. 이 두 가지만 더 있어도 응용하여 몇 가지 반찬을 더 만들 수 있었다. 스승님은 명망이 워낙 높아서 그 험한 길을 주말마다 올라오는 부산의 청년들이 참 많았는데, 공양 때를 맞추지 못하는 경우가 허다했다. 전화도 없던 시절이라 오는 것을 미리 알 수가 없었는데, 갑자기 올라와도 시금치와 고수를 뽑아 쌈장을 만들어 주면 쌈으로 반찬을 대신했다.

매 때마다 새 반찬을 만드는 것은 찬거리가 부족하던 그 시절엔 보통 일이 아니었다. 그로 인해 나는 음식이 우리 입에 오기까지의 그 수많은 노고를 깊이 생각하게 되었다. 스승님은 아침 공양을 죽이나 누룽지로 드셨는데, 나는 공부도 일천한 사람이 그것도 사치라고 생각하여 아침을 아예 먹지 않기로 하였다. 그로부터 현재까지 나는 해외여행 할 때를 제외하곤 아침 공양을 하지 않는다.

시장도 먼 높은 산 가난한 영구암에서의 그 옛날 수행생활이 음식으로부터 자유로운 삶을 만들어 주었다.

▣ 수시로 영구암에 드나들었던 부산의 청년 가운데 몇이
기념사진을 원하여 옛 일주문 앞에서
스승님을 모시고 촬영한 것.
(1976년 필름 사진을 스캔한 것.)

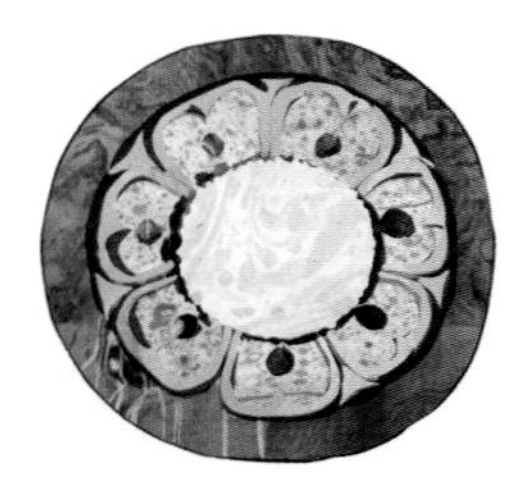

寒山華嚴
16

술인가 음료인가

겨울 우물가에서 빨래를 하고 있는데 스승님께서 캔 맥주 하나를 주시며 "추운데 마시게!" 하셨다.

"저는 술 안 마십니다."

말을 뱉고 바로 경솔했음을 뉘우쳤다. 아니나 다를까 스승님의 말씀이 뒤따랐다.

"몸 따뜻해지는 음료로 준 건데 자넨 술로 보는군. 공부 좀 한 줄 알았더니 『발심수행장(發心修行

章)』의 '선지지범개차(善知持犯開遮-계율을 지켜야 할 때와 무시해야 할 때 포용해야 할 때와 차단해야 할 때를 잘 알아야 한다는 원효대사의 말씀)'도 모르나 보네. 추운 데서 떨지 말고 마시게!" 하는 것이었다. 한 캔을 마시고 나니 온몸에 열이 나서 추운 줄도 모르고 빨래를 잘 끝냈다.

사실 스님은 알코올류를 마시고 싶다거나 사 오라거나 하신 적도 없었고, 혼자 계실 땐 결코 드시는 걸 볼 수 없었다. 다만 부산관세청 청장, 외항선 선장, 김해 군수, 재계의 회장 등이 외제를 사 와서 한잔 권하면 사양치 않고 받으시며 "그대들이 날 땡초로 만들 심산이로군!" 하시며 껄껄 웃으시곤 하셨다.

그날 저녁 차를 달여 올리면서 나는 스승님으로부터 계율에 대한 말씀을 들을 수 있었다.

「계율에 대해서는 참 많은 오해가 있다.

계(戒)는 개인수행을 위한 안내도 같은 것이다.

그러니 타인이나 재가인(在家人)들이 시시비비를 할 것이 아니다. 본인이 깨달음에 이르기 위해 스스로 맹세한 것과 같은 내용이다. 그것을 지키지 않아서 손해를 보는 것은 오직 당사자의 문제인 것이다. 이는 마치 어떤 이가 금주(禁酒)나 금연(禁煙) 계획을 세운 것과 같다. 그가 성공하건 실패하건 그 자신의 건강 등과 문제가 있을 뿐이므로 타인이 그것을 두고 시비할 것이 없다는 뜻이다. 물론 살인이나 사기 폭언 등 타인에게 해를 키치는 것을 하지 말라는 항목이 있긴 하지만, 이것은 이미 사회법으로 벌을 받는 것들이다.

하지만 율(律)은 다르다. 이 항목들은 승가(Saṃgha−화합하는 수행자 집단)의 질서를 유지하기 위한 조건들이므로 단체생활 중에서는 엄격히 제한을 가하는 것으로, 어길 경우 징벌이 따른다. 작은 경우 대중참회(大衆懺悔−대중 앞에서 자기 잘못을 뉘우치고 벌을 받는 것)로부터 심한 경우 승가에서 모든 자격을 정지하는 제적(除籍)이나 승적을 박탈해 버리는 치탈도첩(褫奪度牒-흔히 체탈도첩이라고 함)까지 있다. 바로 이를 예방하기 위해 자자(自恣-수행자들끼리 모여 잘잘못을 지적하고 반성하는 것)와 포살(布薩-대중이 한 달에 한 번 함께 모여 어른 스님으로부터 계율을 잘 지키는지 확인받는 것)이 있는 것이다.

만약 비구가 250계를 다 지키려면 수계를 마치자 바로 죽으면 될 것이다. 즉 아무도 다 지킬 수 없다는 뜻이다. 아주 간단하게 재가 불자들이 기본 오계(五戒 - ①살생하지 않는다. ②도둑질하지 않는다. ③바람을 피우지 않는다. ④거짓말을 하지 않는다. ⑤술을 마시지 않는다.)를 평생 어기지 않는 사람이 아주 드문 것과 같다. 하물며 250가지를 어찌 완벽하게 지킬 수 있겠는가.

그러니 이 복잡한 조항을 둔 것은 비난의 기준으로 만든 것이 아니다. 깨달음에 이르기 위한 아주 자세한 안내도를 만들어 둔 것이다. 아주 자세한 안내도는 길을 잘 모르는 사람이 실수하여 길을 잃는 것을 최대한 막기 위한 배려인데, 계의 항목이 많은 것도 그와 같다.

재가의 불자들이 수행자의 계율을 가지고 비난하는 것을 볼 수 있는데, 과연 자신이 몇 되지 않는 계목만이라도 철저히 지키는지부터 살펴야 한다. 자신들은 간단한 것도 지키지 못하면서 수행자는 완벽하지 않다고 비난하고 있다면 이는 모순이 아니겠는가. 수행자는 윤리 선생이 아니다. 깨닫기 위해 처절하게 정진하는 것일 뿐이다. 또한 원칙적으로 재가 불자들은 수행자의 계율 문제로 비난하는 것이 금해져 있다.

다른 종교인이나 일반인들이 수행자의 계율 문제를 따지는 것을 볼 수 있는데, 자신들 또한 인과의 원리에서 벗어날 수 없음을 몰라서 하는 실수이다.

간혹 어떤 이가 계율 문제로 대중을 선동하여 승가의 화합을 파괴하는 것을 볼 수 있는데, 부모를 죽인 것과 같은 죄를 묻는 파화합승(破和合僧)의 조항을 스스로 어기고 있음을 돌아보지 않는 것이다.」

나는 어린 시절 율사(律師)인 석암(昔巖, 1911~1987) 큰스님을 시봉하면서 들었던 이야기를 선사(禪師)인 스승님으로부터 다시 들었다.

이날 이후 나 스스로는 계율을 지키지 위해 부단히 노력하면서도 다른 사람들의 지계(持戒)와 범계(犯戒)에 대해서는 관심도 갖지 않았고 시비도 하지 않았다. 각자가 자기의 인과법을 따를 것이기 때문이다.

▣ 계율을 잘 지킨다는 것은 탑을 세우는 데 공력을 쏟는 것과 같다. 하지만 공든 탑도 언젠가 무너진다. 순수한 불교적 입장에서는 무너지지 않는 해탈에 이르는 것이 가장 좋다. 고려시대로 추정되는 영구암 석탑. 1976년에 청년들을 데리고 흩어져 있던 것들을 모아 탑 모양을 겨우 만들었던 것.
(2013년 10월 29일 촬영.)

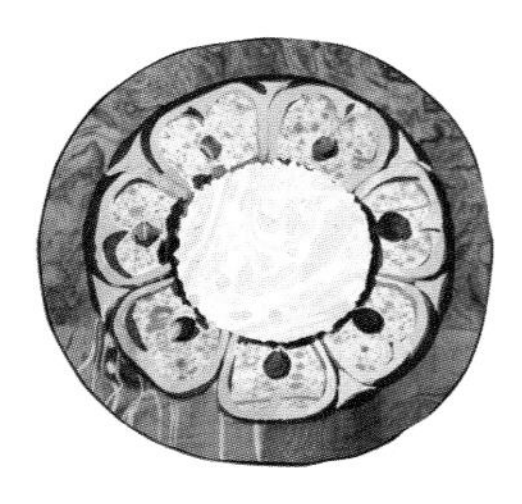

寒山華嚴
17

공자님 어디 계시오?

1976년 가을, 마음을 닦겠다며 유학자 노인 한 분이 영구암에 기거를 시작했다. 당시 방이 없이 약간 큰방 하나에 우리와 같이 머물러야 했기에, 우리로서는 환영할 바가 못 되었다. 그러나 각자의 생활에만 충실하다면 또한 나쁠 것도 없었던지라 스승님이 허락하시면 우리는 그대로 따랐다.

이 유학자는 공자님을 너무나 사랑했다. 내가 이미 다 봤던 사서삼경 이야기를 매일 옆에 와서 떠드는 통에 내가 하는 일에 방해가 되었을 뿐더러, 또 내가 모양도 문도 없는 무쇠상자로부터 탈출하려고 하는 몸부림에도 방해만 될 뿐이었다. 하지만 노인네가 심심해서 그런가 보다 하고 수긍해 주었더니 계속 나만 따라다니며 말을 걸었다.

어느 날 무쇠상자와 씨름을 하며 법당을 청소하고 있는데, 노인네가 법당 안까지 쫓아와서 『논어(論語)』 이야기를 떠들며 수긍해 주기를 바라는 것이었다. 이 문제를 해결하지 않으면 계속 내 공부에 방해가 되겠다고 생각되었기에 좀 모질게 대하기로 했다. "거사님! 지금 저는 내가 갇힌 무쇠상자로부터 탈출을 해야 합니다. 제가 출가 전에 도덕경, 장자, 사서삼경, 맹자 등을 다 봤으나 내 공부에 도움이 되질 않았습니다. 지금 나에겐 공자님이 이 걸레만큼도 도움이 되질 않습니다!" 하고 불단을 닦던 걸레를 흔들어 보였다. 그랬더니 노인네가 화를 내며 법당을 나가 버렸다.

한 시간 뒤쯤 스승님께 차를 우려 드리고 있는데 유학자가 화난 얼굴로 들어왔다.

"큰스님! 저 젊은 스님이 나를 무시하고 공자님을 무시하는 말을 했습니다. 스님들은 그래도 됩니까?"

"뭘 어쩌던가요?"

"아 글쎄, 저 젊은 스님이 아까 청소하던 걸레보다 공자님이 못하다고 합디다."

당시 스승님이 머무시던 방은 법당과 미닫이 하나로 구분되어 있었기에 이미 법당에서의 대화를 다 들으셨던 모양이었다. 스승님께서는 빙긋 웃으시면서 되물으셨다.

"아~ 공자님을 잘 아시나 보군요?"

"그럼요. 내 평생 공자님을 모시고 있는 걸요!"

"그래요? 내가 한동안 공자님을 보지 못해서 그러는데, 지금 공자님은 어디 계시오?"

"돌아가신 지 오래된 공자님이 어디 계시는 줄

내가 어떻게 알겠소."

"이 양반아! 공자님이 어디 계시는 줄도 모른다면서 모시기는 뭘 모신다고 그러시오!"

벽력같은 스승님의 일갈에 얼굴이 파랗게 질린 유학자는 그길로 영구암을 내려가 버렸다.

▣ 어느 날 잠시 바위에 앉아 휴식을 취하고 있던 것을
올라온 청년이 멀리서 망원 줌으로 촬영해서
선물로 준 것을 스캔한 것.
– 1976년 영구암의 한때.

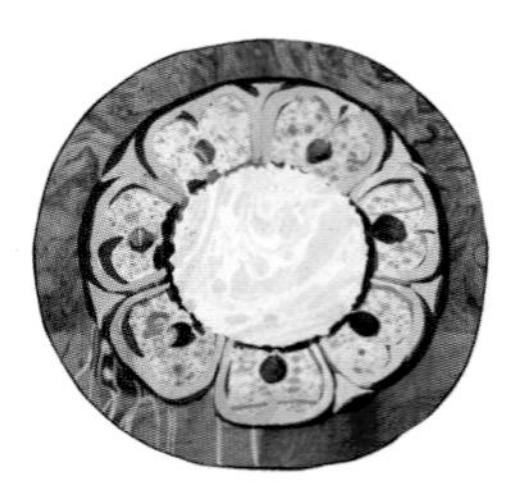

寒山華嚴

18

산까마귀와의 소통

1975년의 영구암에는 전기도 전화도 없었다. 그러니 스승님이 출타하시면 언제 돌아오실지를 몰랐다. 그러므로 남아 있는 대중은 항상 긴장하고 있어야 하는데, 나는 스승님이 돌아오실 때를 거의 알고 있었다. 그건 스승님과 소통하는 비밀 통신병이 있었기 때문이었다.

처음 얼마간은 나도 긴장 상태로 몇 번이나 산 아래를 내려다보곤 했다. 그런데 언제부턴가 스승님이 돌아오실 때를 알려주는 비밀 통신병이 있음을 알게 되었다. 바로 산까마귀였다. 마치 독수리마냥 큰 산까마귀가 영구암 뒤 오른쪽 높은 바위에 앉아 있다가 한 시간 전쯤에 길게 몇 번을 울었다. 한 시간 뒤쯤 중턱까지 마중을 나가면 스승님은 껄껄 웃곤 하셨다.

▣ 사진의 정중앙 상단의 하얀 바위 위에서
산까마귀는 비밀 통신병 역할을 했다.

그리고 얼마 뒤부터 산까마귀가 영혼과도 소통한다는 것을 알게 되었다. 스승님이 영구암에 계실 때 산까마귀가 다시 길게 몇 번 울면 한 시간 뒤쯤 49재 영정을 모시고 재자(齋者)들이 올라오는 것이었다. 처음엔 스승님이 49재 들어올 것이니 준비하라고 하시기에 미리 연락을 받으셨나 했었다. 그런데 그때마다 산까마귀가 울었던 것이다.

언젠가부터 산까마귀가 울면 내가 먼저 스승님께 "재 올릴 준비를 할까요?" 하고 여쭙게 되었는데, 스승님께서 껄껄 웃으시면서 "자네도 통하게 되었군 그래!" 하시는 것이었다.

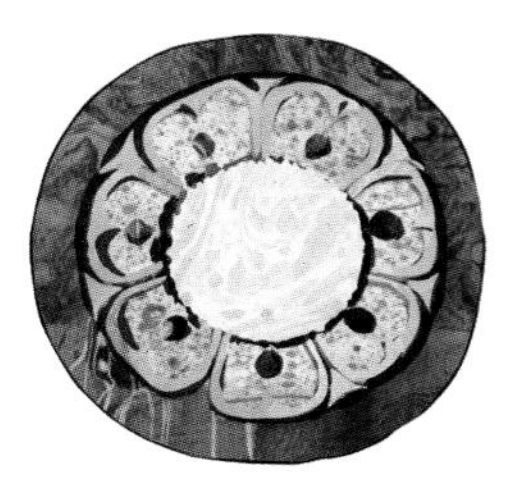

寒山華嚴
19

터가 센 도량

1975년 내가 체험한 영구암은 터가 센 곳이었다. 처음엔 그걸 잘 몰랐다. 첫 경험은 내가 입산하고 보름쯤 뒤 스승님과 대중들이 모두 출타한 날에 일어났다.

혼자 저녁 기도를 한 후 방에서 모처럼 스승님이 버린 붓으로 신문지에 반야심경을 쓰고 있었다. 10시쯤 되자 스승님 방 앞의 미닫이문이 열리는 소리가 요란하게 났다. 스승님의 방은 법당 옆에 붙어 있어서 법당 앞 미닫이문을 열고 마루로 올라가서 들어가게 되어 있었다. 미닫이문에는 쇠로 된 롤러가 붙어 있었고 바닥에는 쇠로 된 레일이 깔려 있었기에 드르륵 소리가 유난히 컸다. 적막한 밤에는 이 미닫이문의 마찰음이 매우 크게 울렸기 때문에 누구나 알 수 있을 정도였다.

나는 급히 붓을 내려놓고 스승님 방으로 달려갔다. 그런데 문도 닫혀 있고 인기척도 없었다. 내가 긴장해서 착각한 줄 알고 다시 돌아와 반야심경을 쓰는데 이번에는 여러 사람들이 마당 쪽에서 왁자지껄 떠드는 소리가 들렸다. 나갔던 분들이 다 함께 오나 보다 생각하고는 다시 급히 나갔다. 그런데 또 조용한 것이었다. 그때야 도량신이 장난을 친다는 것을 눈치 챘다. 아마도 내 담력을 시험해 본 것이리라.

나는 마당 한가운데 서서 "다시 한 번만 더 장난치면 내일부터는 공양도 올리지 않을 것이니 그런 줄 알아! 알아들었지!" 하고 큰소리로 외쳤다. 그리고는 다시 반야심경을 썼다.

▣ 1995년 내가 미타사 주지 소임을 볼 때 스승님 생신을 맞아 신도들과 인사 여쭙고 올랐던 영구암. 법당 앞에는 담쟁이가 뒤덮고 있는 돌담이 있었다.

그로부터 한 시간 후쯤 스승님이 돌아오셨다. 인사를 올리고 차를 달여 드리니 스승님께서 미소를 띠시곤 "별일 없었나?" 하시는 것이었다. 내가 있었던 그대로를 말씀드렸더니, "고약한 것들이 꼭 터줏대감 노릇을 한단 말이야. 이전에 행자들 몇은 놀라서 다음날 내려가고 말았다네. 자네 배포야 어려서부터 봐 왔지만, 제법 쓸 만하단 말이야!" 하셨다.

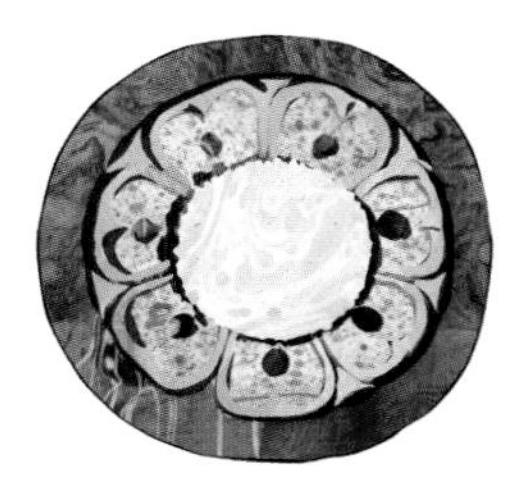

寒山華嚴

20

영가(靈駕)들과 동거

영구암은 지장 기도도량이다. 스승님께서는 늘 우리나라 삼대 지장 도량이라는 말씀을 하셨다. 본사인 범어사 주지를 하셨던 분이 가난하고 외부 출입이 힘든 영구암을 선택하신 것은 영험한 지장 도량이었기 때문이다.

내가 입산하여 스승님께서 기도하시는 모습을 보니 새벽과 저녁에는 지장경 전체를 독경하신 후 지장 정근을 두 시간 이상 하시는 것이었다. 내가 기도를 물려받아 하는 방식도 마찬가지였다. 혹여 피곤하다고 지장 정근을 한 시간 정도로 끝내게 되면, "그렇게 기도할 거면 그만 두게. 내가 할 터이니." 하시는 것이었다.

스승님의 방식대로 한 달여를 기도했을 때 평소와 다른 현상들이 나타났다. 촛불에 의지하여 지장

경을 독경하고 두 시간여 지장보살 정근을 하다 보니 언제부터인가 기도 중에 대중들이 늘어나는 것이었다. 주위에서 지장경도 함께 독경하고 지장보살 정근도 함께하는 소리가 들리기 시작했다. 하지만 형상은 안개덩어리 같았다. 새벽에 가끔 스치기도 했는데, 스치는 부분은 차가운 기운이었다. 그들은 바로 영구암에 와 있는 영가들이었다. 영가(靈駕)란 육체와 이별한 영혼들을 절에서 부르는 호칭이다. 나는 왕래도 편하고 도량도 큰 다른 절보다 왜 영구암에 불공이 더 많이 들어오는지를 비로소 알게 되었다.

▣ 1975년에서 1978년 봄까지 내가 하루 일곱 시간 이상 지장 기도를 했던 영구암의 법당. 옛날에는 불단 오른쪽의 작은 지장보살상만 모셨는데, 남산 옥돌로 조성된 것이라고 했다. 당시는 인법당으로 왼쪽에는 미닫이로 구분된 스승님 방이 있었고, 오른쪽에는 공양간이 있었다.
(2013년 10월 29일 촬영.)

영가들이 반드시 착하기만 한 것은 아니었다. 어느 때 법당 구들에 문제가 생겨 수선을 하느라 불공을 올리기 어렵게 되자 임시로 대중방에 영단을 옮겨 우리와 같이 지내게 되었다. 재자(齋者)들이 아침에 출발해서는 사시불공 시간을 맞추기 어려워서 대개는 전날 올라와 자고 불공과 시식을 봉행하는 일이 많았다. 밤 9시경 임시로 영단을 옮긴 대중방에서 촛불에 의지하여 재자(齋者)들과 영가를 위한 종이옷(紙衣)을 접고 있었다. 그런데 발자국 소리도 없이 갑자기 미닫이문이 열렸다. 쇠로 된 롤러가 쇠로 된 레일 위를 구르는 소리가 요란하게 울려서 일제히 문쪽을 보았지만 아무도 없었다. 누군가 장난을 치나 싶어 둘러보아도 인기척도 없었다. 짐작되는 바가 있어 잠시 호흡을 멈추고 기다렸더니 방안의 모든 촛불이 동시에 꺼지는 것이었다. 재자들은 기겁을 하여 나를 붙잡았다. 재자들을 안정시킨 후 큰 소리로 꾸중을 했다. "이제 되었으니 더 이상 장난치지 마시오. 또 그러면 내일 시식(施食-영가를 청해 음식 등을 제공하며 염불과 법문으로 영가의 마음공부를 시키는 의식)도 하지 않을 것이오." 그러고는 촛불을 켰다. 영가들의 쇼는 일회로 끝났다.

도심 가까이 있는 사찰 중에는 옛 공동묘지 터에 지어진 곳이 있다. 폐결핵으로 휴학 후 기도 정진했던 부산 남부민동의 대법사(大法寺)에서는 동자승이 가끔 밤중에 놀라 내 방으로 뛰어내려왔다. 인법당(방과 법당이 붙어 있는 형식)에서 자던 동자승이 사람들 떠드는 소리에 잠을 깨어 놀라 달려왔던 것이었다. 그럴 때마다 내가 올라가 정리를 해 주었다.

또 현재 티베트 사원이 되어 있는 부산 아미동의 광성사도 청년회 시절 밤을 새워 정진하던 곳인데, 비가 오는 밤이면 밤새 다듬이질 소리가 났다. 공부하던 후배들이 모두 내 방으로 모여들곤 했던 곳이다. 그곳도 묘지석이 마당에 있어서 벤치로 사용했었다.

하지만 터가 세다는 산중의 암자에서도 영가들의 장난은 심심치 않게 일어났다. 믿기지 않는다면 조용한 암자에서 촛불만 켜고 하루 6~7시간 정도 기도를 하면서 백일만 지내보면 새로운 체험을 하게 될 것이다. 그러니 체험이 없는 사람에게는 존재하지 않는 세계가 될 것이고, 체험한 사람에게는 존재하는 세계가 될 것이다.

스승님께서는 내게 하루 일곱 시간 정도의 지장기도를 통해서 새로운 세계를 볼 수 있도록 인도해주셨던 것이다.

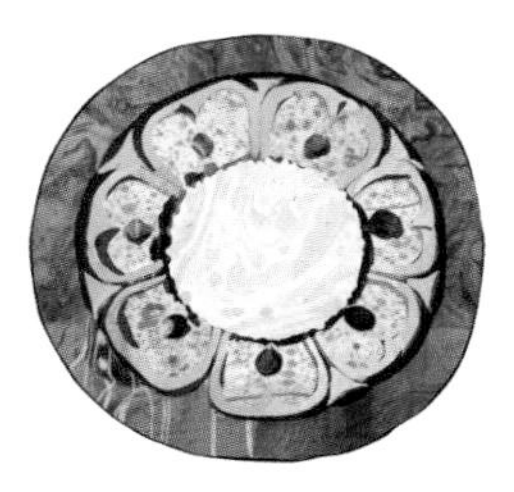

寒山華嚴

21

부모님의 방문

▣ 흑백 사진 속 생전의 부모님 모습.
(조카가 소장하고 있는 사진을 스캔한 것.)

영구암 주변에 낙엽이 수북하게 쌓인 어느 날, 두 노인네가 마당에 들어섰다. 아버님과 어머님이셨다. 김해의 암자라는 말씀만 드렸는데 영구암을 어떻게 아신 것일까? 아차, 화엄 스님이라는 아주 훌륭한 분을 스승님으로 모시고 공부 잘하고 있다고 한 말을 잊지 않으셨구나. 그래도 얼마나 애쓰셔서 찾으셨을까? 나는 나오려는 눈물을 꾹 참고 스승님께 모시고 갔다.

스승님은 제자의 연세 많으신 부모님께 차를 대접하시면서 안심시키는 여러 가지 얘기를 나누시는 듯했다. 나는 모른 체 뒷산에 가서 나무 한 짐을 해서 내려왔더니, 부모님께서 기다리고 계셨다.

"늦었는데 내려가시지 않았습니까?"

"얼굴이라도 한 번 보고 가려고."

그렇게 또 이별을 했다.

저녁 예불과 기도를 드린 후 10시경 스승님 방으로 들어가 차를 우려 드렸더니, 스승님께서 말씀하셨다.

"참 무정한 사람일세! 먼 길을 오신 부모님께 좀 더 따뜻하게 대할 수 있지 않았나?"

"우선 제 마음이 금강석처럼 굳건하지 않습니다. 부모님께 눈물 보이기 싫었습니다. 제가 눈물을 보이면 부모님의 가슴이 미어질 것을 너무나 잘 압니다. 또 살갑게 대하면 이 멀고 오르기 힘든 영구암을 다시 몇 번이나 오르실지 모릅니다. 그것은 연세 많은 분들에게는 너무 모진 일이 될 것입니다."

"자네 뜻은 잘 알겠네. 그래도 꽁꽁 언 땅에는 생명이 움트기 어려운 걸세."

"제가 절대로 물러서지 않을 경지가 되면 그땐 절에 얼마든지 머무르시게 해 드리겠습니다."

스승님께서는 한편으로는 믿음직하다는 표정을, 한편으로는 측은하다는 표정을 지으시며 차를 드셨다.

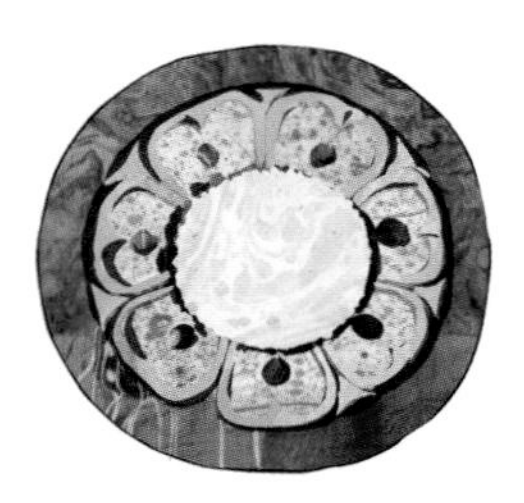

寒山華嚴
22

영구암에 전기 들어오다

비록 작은 영구암에 계셨지만 스승님의 명성은 날로 높아져서 부산과 경남의 유명 인사들이 수시로 드나들었다. 때로는 영구암에서 하루 이틀 머물기도 하였는데, 그들에게는 전기가 없는 암자가 불편했던가 보았다. 그들은 서로 의논하여 영구암에 전기를 들이기로 하였다. 한전의 고위층 인사가 몇 번인가 오가더니 드디어 전기공사를 하게 되었다.

당시 아래에 있는 은하사까지는 비록 비포장도

로였지만 차도가 뚫려 있었고 전기와 전화도 연결되어 있었다. 그러나 은하사에서 영구암까지는 좁고 가파르며 갈 지(之) 자로 급격히 꺾이는 돌계단길이 대부분이었다. 그리고 길옆엔 나무가 빽빽했다. 완전히 사람의 힘으로 전봇대를 이동시켜야 하는데 목도로 좁고 험한 비탈길을 오르는 것은 보통일이 아니었다. 한전 소속의 사람들만으로는 어려워 영구암에 오는 모든 사람이 다 동원된 노력 끝에 이윽고 전기가 영구암까지 연결되었다. 그 전봇대를 이용해 전화도 함께 가설되었다.

한전에서 한 일은 계량기와 두꺼비집까지 연결하는 일이었다. 거기에서 건물마다 전기시설을 하는 것은 영구암의 몫이었는데, 결국은 전기기술을 익혔던 내가 나서야 했다. 영구암까지는 220V가 들어왔는데, 당시의 가전제품은 일제를 포함해 대부분 110V용이었다. 결국 전구는 220V를 쓰고 가전제품은 강압기(降壓器, down transformer)를 설치하여 사용하게 하였다.

사찰의 전기시설을 하는 것을 보신 스승님께서는 웃으시며 말씀하셨다. "재주 많은 사람은 퇴속(退俗-환속해 나가는 것)하기 쉬운데, 설마 자네가 그러지는 않겠지?"

내가 자신 있게 답하였다. "설령 스승님께서 장가를 가시는 일이 일어나더라도 제가 퇴속하는 일은 없을 것입니다."

스승님께서 영구암이 울리도록 껄껄 웃으셨다.

▣ 해발 600m 정도에 위치한 영구암은 거북이가 목을 빼고 있는 모양 지형의 양 어깨에 해당되는 지점에 법당과 요사가 있다. 은하사에서부터 급격히 가팔라지는 지형으로 전봇대 세우는 것이 난공사였다. (2013년 10월 29일 도량의 위쪽에서 촬영한 모습.)

寒山華嚴
23

집을 짓다

영구암에 손님이 많아지니 방이 문제가 되었다. 스승님 방과 공양간 방을 제외하면 객스님들이 쓰던 외딴 채 작은 방 하나와 건물 한 채가 통째로 방이었던 대중방이 전부였다. 그러니 손님들과 우리가 함께 써야 하는 상황이었다. 남자끼리야 그렇다 치더라도 여신도님들이 많으면 참 난처한 상황이 되었다. 그럴 때면 나는 아예 법당에서 잠깐 잠을 자고 바로 새벽 예불을 모시는 상황이었다.

1976년 어느 날 스승님께서 나와 다른 시봉을 부르시더니 대중방채 동쪽에 터를 닦고 둘이서 집을 지어보라는 것이었다. 우리는 곧바로 집 짓는 작업에 들어갔다.

▣ 2013년에 방문했을 때는 옛날 둘이서 지어 37년간 사용했던 건물이 헐리고 없었다. 대신 멋진 목조 건물을 세우고 있었다. 사진의 중간에 보이는 새 목조 건물이 옛 요사가 있던 자리이다.
(2013년 10월 29일 촬영.)

먼저 언덕을 깎아 터를 닦고는 땅바닥에 방 세 개와 부엌을 그린 후 먼저 깊게 부엌 자리를 만들고 이어 구들을 판 후 구들장을 덮었다. 구들은 아궁이 쪽에서 네 가닥으로 갈라져서 굴뚝 있는 곳에서 모이게 했는데, 아궁이 쪽은 깊게 팠고 굴뚝 쪽은 얕게 팠다. 구들장은 산에 있는 납작한 돌을 모아서 사용했는데, 아궁이 쪽에는 두꺼운 돌을 쓰고 굴뚝 쪽으로 가면서 점차 얇은 돌을 사용했다.

방바닥이 완성되자 주춧돌을 놓고 산에서 죽은 나무를 잘라 도끼질과 대패로 기둥과 대들보 등의 기본 골조를 만들었다. 벽면은 대로 엮어서 기둥과 다른 나무 부재에 끼운 후 산에서 황토를 가져와 짚을 썰어 넣고 개어서 두껍게 발랐다. 문틀과 문은 전문점에 주문해서 사용했는데, 문틀을 세우고 벽을 만든 후 문짝은 나중에 집의 완성 단계에서 달았다.

당시 영구암의 재정은 빈약하기 짝이 없었기에

지붕을 기와로 올리는 것은 생각할 수 없었다. 서까래를 촘촘히 올린 후 그 위에 다시 나무를 튼튼히 엮어서 흙을 두껍게 올린 후 슬레이트를 덮었다. 그리고는 굴뚝을 높게 올려 아궁이의 불길이 잘 들어가게 만들었다.

다음으로는 전기시설을 한 후 장판을 깔고 도배를 했더니 그런대로 검소한 방이 세 개 만들어졌다. 불은 다행히 잘 들고 방바닥도 골고루 따뜻해서 피곤한 몸의 피로가 단번에 풀리는 효과가 나타났다. 부엌에 가마솥을 걸어 추운 날씨에 따뜻한 물을 쓸 수 있게 되었으니, 그야말로 호텔의 로열 스위트룸이 부럽지 않았다.

집이 완성된 날 스승님께서는 이렇게 말씀하셨다.

"집을 지어보니 어떤가? 여러 가지가 조화를 이루어 집이 완성되지 않던가? 수행도 그렇다네! 염불, 독경, 좌선, 울력, 예참 등 크고 작은 모든 일과가 수행이라네. 어느 한 가지만으로 집이 되지 않듯이, 한 가지 수행만을 고집하는 것은 자칫 수행을 완성하지 못할 수도 있다네!”

나는 집을 직접 지으라고 하신 큰 뜻을 다시 확인하고는 감사의 큰절을 올렸다.

▣ 스승님께서는 연세가 드시면서 후유증으로
다리를 많이 저시었다. 그래서 지팡이가
분신처럼 따라다녔다.
– 새로 지은 동림사에서의 한때.

寒山華嚴
24

목욕탕 설치

스승님께서 새로 지은 집을 나와 다른 시봉 그리고 처사(절에서 먹고 자며 일하는 이)에게 사용하게끔 해 주신 은혜에 보답코자 우리는 스승님께 깜짝 선물을 하기로 했다.

스승님께서는 2차 대전 때 일본군 군의관으로 필리핀 전투지역에 강제로 투입되어 죽을 고비를 몇 번 넘기셨는데, 포탄의 파편이 대퇴골에 네 개가 박혔었다. 두 개는 부산대학병원에 근무하시며 수술로 제거하였으나 두 개는 당시 수술로는 제거가 불가능해 부산 범어사 미륵암에서 기도로 빼내었다. 하지만 통증까지 완전히 제거하진 못했다. 그래서 스승님은 뜨거운 물에 목욕을 자주 하셨다. 범어사에 계실 때에는 동래온천의 녹천탕에서 가족탕을 제공해 주셨기에 도반들과 자주 다니셨지만, 영구암으로 옮기시고 나서는 거의 나가시지 못하셨다. 날씨가 궂은 날에는 통증이 심해지셔서 힘들어하셨는데, 밤이면 내가 지압을 해 드려서 통증을 완화시켜 드리곤 했다.

우리는 의논 끝에 옛날 시골에서 주로 사용하던 목간통용 큰 쇠솥을 주문했고, 그것을 청년들까지 동원하여 목도로 올렸다. 올리는 도중에 넘어지기도 하고 솥이 구르기도 했지만 우여곡절 끝에 무사히 미리 지어놓은 목욕탕까지 옮겨서 설치했다.

완성된 목욕탕에 장작불을 지펴 물을 끓이고, 나무 발판을 솥 안에 넣어 몸을 담글 수 있게 하였다. 스승님께서 첫 목욕을 하시게 되었을 때, 껄껄 웃으시며 말씀하셨다. "자네들이 효상좌일세! 내가 자네들 덕을 톡톡히 보는군 그래!" 스승님의 통쾌한 웃음소리에 그동안 있었던 힘든 기억들이 순식간에 사라졌다.

스승님께 선물로 드리긴 했지만 사실 우리도 뜨거운 목욕을 할 수 있었으니, 그 또한 스승님의 은덕이었다.

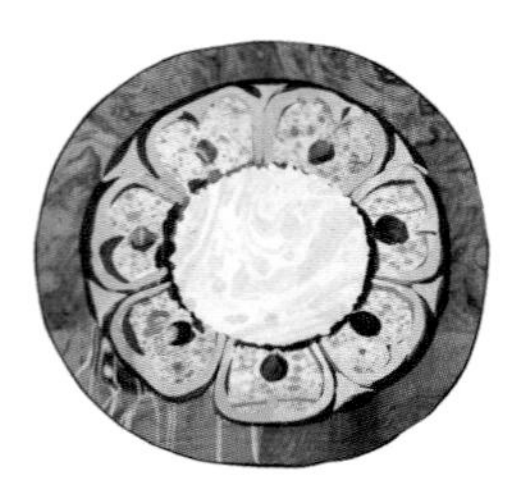

寒山華嚴
25

일상이 선정이라야 함

영구암 주변에 나뭇잎이 거의 진 늦가을 어느 날 스승님께서 나무하러 가자고 하셔서 톱과 낫을 챙겨 지게를 지고 나섰다. 1975년의 화재로 영구암에서 멀지 않은 곳에 죽은 나무들이 많아서, 톱으로 자르고 낫으로 정리하여 나무 한 짐을 만들었다.

영구암과 김해 벌판이 내려다보이는 바위에 앉아 잠시 쉬는 사이에 스승님께 젊은 시절 수행하시던 때에 겪으신 얘기를 해 달라고 청을 드렸다. 스승님께서는 수행하는 사람에게는 일반 사람이 겪지 못하는 기이한 일들도 많다며 다음 얘기를 해 주셨다.

「내가 젊은 시절에 포항 보경사 뒤 암자에서 어머님을 모시고 있을 때였지. 어느 해 자네에게 사형이 되는 상좌에게 어머님 모시는 부탁을 하고 해인사 선원에서 안거(安居-결제라고도 함)를 하고 있을 때였어. 어느 날 정진 중인데 어머님이 많이 편찮으시다는 전보가 날아들어서 즉시 산길로 해인사에서부터 보경사를 향해 밤길을 나섰지. 마음속에는 오직 어머님이 무사하시길 빌면서 길을 재촉하길 몇 시간쯤 되었을 거야. 산중에서 두 남자를 만났지. 그들도 방향이 같다고 하면서 길을 잘 안다고 앞장서더군. 그래서 뒤를 따랐지. 한참을 정신없이 따라가는데 다리가 쓰려서 퍼뜩 정신을 차리고 보니 길도 없는 가시밭길을 가고 있어서 피투성이가 되어있더라고. 아차 잘못되었구나 싶어 바로 땅에 앉아 화두를 들고 선정(禪定)에 들었지. 그랬더니 이 친구들이 나를 보지 못하는지 주변을 돌며 나를 찾더라고. 그러다가 사라지기에, 또 어머님 걱정이 되어 길을 서둘렀지. 그런데 언제 나타났는지 두 사람이 나를 보고는 어디 갔다 왔느냐며 반기더군. 캄캄한 밤중인지라 길도 잘 보이지 않는데, 한참을 같이 가다가 뭔가가 잘못되고 있다는 직감이 들었지. 그래서 그 자리에 앉아 다시 선정에 들었어. 얼마나 지났는지 먼동이 트더군. 그래 일어나려고 보니까, 내가 낭떠러지 바위 끝에 앉아 있더란 말이지. 어머님 걱정하다가 내가 먼저 염라대왕과 장기 둘 뻔했어.」

"어머님은 어떻게 되셨어요?"

"음, 아프시진 않으셨고 내가 보고 싶어 꾀를 내신 거였어. 그 일로 깨달았지. 아무리 다급한 일이 생겨도 화두를 놓쳐서는 안 되고, 일상생활 자체가 선정(禪定)이고 삼매(三昧)여야 한다는 것을."

나는 그때 스승님께 그 얘기를 듣고부터는 공부 중에 기이한 현상이 생겨도 결코 놀라지 않게 되었었다.

▣ 영구암 동쪽의 바위투성이 봉우리.
나무하느라 많이 다녔던 곳이기도 하다.
(2013년 10월 29일 아침 안개 속에 촬영.)

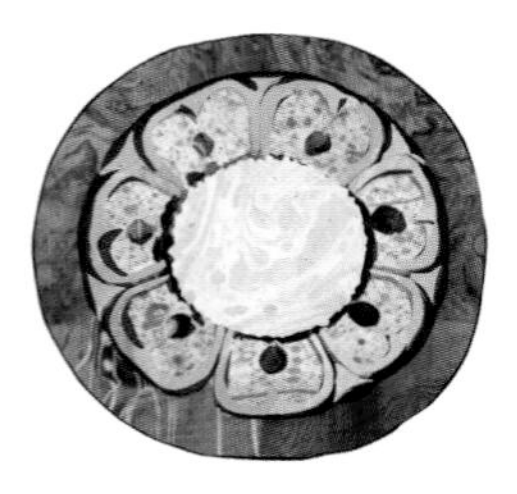

寒山華嚴
26

쌀의 무게

1970년대 영구암에 올라오는 여신도(菩薩)들은 대부분 쌀을 가지고 왔지만, 남자 신도(居士)들은 거의 빈손으로 올라왔다. 하긴 남자들이 쌀 주머니를 들고 다니는 것이 익숙하지 않던 시절이었다. 식구가 적을 때에는 신도님들이 가지고 오는 쌀로도 공양(식사)이 해결되었지만, 점차 남자들의 출입이 많아지면서 쌀이 부족해지기 시작했다.

영구암에는 어려울 때를 생각해서 논을 마련해

둔 것이 좀 있었다. 하지만 암자에서 30리쯤 떨어진 곳에 있는지라 우리가 농사를 짓는 것은 불가능했다. 오고 가는데 시간을 다 소비하기 때문에 정작 논에서 보낼 시간은 한두 시간 정도밖에 되지 않았고, 또 암자 자체의 일도 적지 않아서 비울 수가 없었기 때문이었다. 그래서 잘 아시는 분에게 맡겨서 영구암의 몫으로 얼마간의 양식을 받는 형식이었다.

초겨울이 되자 쌀이 완전히 바닥이 나 버렸기에 20리 떨어진 어방동의 정미소에 맡겨둔 벼를 찧어 지고 오기로 했다. 마침 주말을 기해 올라온 청년들을 대동하고 오전에 한번 나르고, 점심 후에 또 한 번 지고 오기로 했다. 각자 반 가마니씩을 지고 산을 오르면 쌀쌀한 날씨임에도 온몸이 땀으로 젖어버렸다.

해질녘이 다 되어 두 번째 반 가마니를 지고 땀에 젖어 오르니, 스승님이 기다리고 계셨다.

"무거운가?"

"예, 무겁습니다."

"얼마나 무거운가?"

"쌀 한 알이 우주법계와 견주어 결코 가볍지 않습니다."

"허~밥값은 따로 내지 않아도 되겠군."

스승님께서는 내 등을 툭 쳐 주시고는 방으로 들어가셨다.

▣ 1970년대 영구암의 궂은일을 도왔던 청년 불자들.
(사월 초파일 밤에 등을 밝힌 후 기념촬영.)

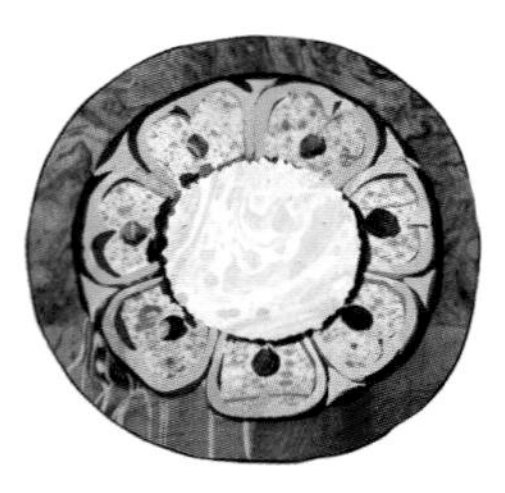

寒山華嚴
27

눈 내리던 밤

신어산에 눈이 오는 날 아주 묘한 현상을 목격하게 되었다. 500m쯤 아래에는 비가 오고, 그 이상부터는 눈이 쌓이는 것이었다. 그러니 같은 산중에 있다고 같은 현상을 체험하는 것은 아닌 것이다. 어린 시절 지리산 아래에서 살 때의 겨울은 늘 눈 쌓인 풍경이었는데, 부산으로 이사를 한 이후로 눈 쌓인 풍경이 낯설게 되었다. 고등학교 시절 통도사의 백운암에 올랐을 때 눈 쌓인 밤을 지낸 경험이 유일하다시피 한 나로서는 신어산에 눈이 쌓이는 것이 그렇게 좋을 수가 없었다.

▣ 2006년 동문 스님들과 올랐던 중국 여강(丽江–리장) 옥룡설산(玉龍雪山–위룽쉐산) 4,680m에 위치한 마지막 전망대에서 얼음처럼 차가운 눈비에 젖은 모습을 후배가 촬영한 것. 주변은 만년설에 덮여 있으며, 사람은 더 이상 오르는 것이 허용되지 않음
– 이때 나는 입적하신 스승님을 생각하고 있었다.

영구암에 첫눈이 내린 날, 스승님의 시중을 마친 나는 자시(子時, 23~01시)에 달빛 벗 삼아 신어산 정상으로 올랐다. 무명 홑옷에 고무신 차림으로 미끄러져 가며 정상에 올라 내려다보니, 내가 어둠의 바다 위에 떠 있는 하얀 배의 선장이 되어 있었다. 산 중턱 아래는 눈이 없는 관계로 깜깜했고, 중턱 위는 달빛을 받아 배처럼 떠 있었던 것이다. 나는 산등성을 타고 동서남북을 오가며 가슴의 답답증을 몰아내려 했다. 영구암을 오를 때에 비하면 무쇠상자가 다소 느긋해지긴 했지만, 나는 여전히 문이 없는 무쇠상자 안에 갇혀 있었던 것이다.

나는 영구암에서 가능한 멀리 떨어진 다른 봉우리로 옮겨가서 목이 터져라 염불을 하기 시작했다. 본디 염불이란 맑고 고요해야 하는 것이지만, 그날 밤 나는 염불소리로 무쇠상자를 부수려고 눈밭 속에서 두 시간 이상 지장보살을 목이 터져라 외치고 또 외쳤다. 하지만 나의 염불소리는 그저 눈 속에서 떨고 있던 산새와 산짐승만 놀라게 할 뿐이었다. 결국 나는 눈밭에 주저앉아 통곡하고 말았다.

"어찌하여 나는 내 마음 하나도 마음대로 하질 못한단 말이냐? 어째서 이 모양도 없는 무쇠상자는 사라지지 않는단 말이냐? 이런 못난 내가 부처님의 참 모습을 만날 수 있단 말이냐?"

피를 토하듯 절규하였으나, 그저 메아리도 없는 자문(自問)이었다.

젖은 몸으로 새벽 예불과 기도를 마쳤을 때, 미닫이 너머에서 스승님의 말씀이 들렸다. "송강 수좌, 건너와서 차 달이시게." 새벽에 차를 마시지 않으시던 스승님이시기에 뜻밖이었다. 나는 차를 달이며 스승님께서 무슨 말씀을 하시길 기다렸다. 그러나 스승님은 고요히 앉아 차만 드셨다. 그 기운에 나도 완전히 평정을 되찾았다. 다기를 정리하고 나오려는데, 스승님께서 한마디 하셨다.

"너무 조급해 하지 마시게."

그날도 그러했지만 먼 훗날까지도 스승님은 나를 다 들여다보고 계셨다. 하지만 늘 고요히 건너다보시고는 그저 한마디 정도만 하실 뿐이었다. '너무 조급해 하지 마시게' 하시는 말씀을 듣는 순간 스승님께서 저 눈 쌓인 산꼭대기까지 나와 동행하셨음을 알아차렸다. 스승님은 촛불 밝힌 채로 산의 울림을 읽으시면서, 못난 제자가 무사히 내려오기만을 기다리셨던 것이다.

그날 아침 눈 위에 이상한 발자국이 한 줄로 나 있음을 발견했다. 어른 주먹 크기의 짐승 발자국은 산 정상부터 내 뒤를 따라와 영구암을 한 바퀴 돌고 다시 정상으로 사라졌다. 4m 정도의 언덕도 가볍게 오르내린 솜씨가 큰 동물임을 짐작할 수 있었다. 이 발자국은 눈 내린 날 아침이면 항상 같은 자리에 찍혀 있었다.

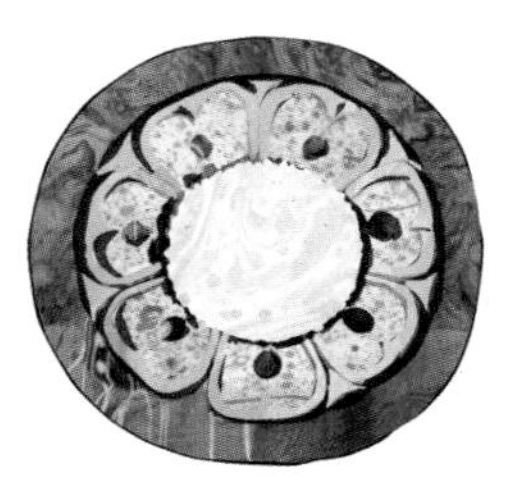

寒山華嚴
28

목사님들과의 좌담

영구암의 험한 길에도 불구하고 스승님과 함께 수행하셨던 어른 스님들께서 많이 왕래하셨다. 스승님이 계실 때 오시면 대부분 내가 차를 달여 올리면서 시중을 들었는데, 어른들이 나누는 법담(法談)을 경청하는 재미가 대단했다. 지난날 치열하게 정진하시던 애기를 들을 때면 기분이 상쾌해지면서 용기가 샘솟았고, 어른 스님들의 농담 같은 선문답을 들을 때면 온몸이 전율에 휩싸이곤 했다.

스승님께서 출타하신 날 어른 스님이 방문하시면, 스승님 방에 자리를 만들어 드리고는 차를 달여 올리면서 옛 이야기를 듣곤 했다. 그 얘기 가운데는 스승님께서 과거에 겪으셨거나 행하신 일화도 많았다. 스승님으로부터는 거의 들을 수 없던 얘기가 많았기에, 나중에는 은근히 기대가 되곤 했었다.

다음 얘기는 범어사 선원에서 스승님과 함께 정진하셨던 사숙님(師叔-절집의 삼촌 격인 스님)이 올라오셔서 들려준 일화이다.

스승님께서 40대에 범어사 유나(維那-조실 스님 다음의 책임자)로 계시던 때였다. 부산의 유명한 목사님들께서 불교에 관심을 가지고 궁금증을 풀겸 대화를 요청했었다. 범어사에서는 의논 끝에 스승님이 상대를 해 드리는 것이 좋겠다고 결론이 났고, 범어사 선원(禪院)에서 다과를 베풀며 얘기를 나누게 되었다. 그 자리에는 50~70대의 목사님들이 열 분도 넘게 참석하였고, 범어사에서는 스승님을 비롯해 몇 분 스님이 배석을 하였다. 서로 관심사에 대해 얘기를 나누며 한참 분위기가 좋아졌을 때, 백발의 목사님이 엉뚱한 질문을 하였다.

"스님, 절에서는 생남불공(生男佛供)이라는 것이 있다면서요?"

"있지요."

"남편과의 사이에 자식이 없던 여자가 불공 올린다고 아들을 낳을 수 있습니까?"

"그런 경우가 더러 있더군요."

"그게 탁자 아래 불공이라는 말이 있던데, 사실입니까?"

목사님의 마지막 질문은 스님과 그 여자가 눈이 맞아 임신한 것이 아니냐는 뜻으로, 스님들에 대한 악의적 비방을 한 것이었기에 도를 넘어버린 질문이었다. 순간 분위기가 얼음장처럼 차가워지고 말았다. 그런데 질문을 받은 스승님께서 호탕하게 웃으시며 "나도 생남불공을 딱 한 번 한 적이 있지요" 하셨다. 뜻밖의 답에 좌중이 말을 잊고 있는 가운데, 스승님께서 질문을 한 백발의 목사님을 가만히 바라보시다가 호통을 치셨다. "네 이놈! 오랜만에 애비를 만났으면 인사를 해야지 뭘 하느냐! 내가 네 어미와 탁자 아래 생남불공해서 너를 낳았느니라." 질문을 할 때부터 당황하기 시작했던 다른 목사님들은 분위기가 여기에 이르자, 모두가 일어나 스승님께 큰절을 올리며 사죄를 하였다. "큰스님께서 자비로 용서하십시오." 물론 백발의 목사님도 사색이 되어 무릎을 꿇고 머리를 조아렸다.

그런데 다음 순간 스승님께서 분위기를 반전시켰다. "허참, 재미있는 농담을 하시기에 나도 모처럼 농담 한마디 했습니다. 왜 이리 불편해하십니까. 차나 드십시다."

스승님의 번뜩이는 선기(禪機-선사의 역량)를 상대해 보지 않은 사람은 벼락 치듯 날아드는 그 솜씨를 짐작할 수 없다. 수많은 선객들이 영구암을 찾아와서 문답을 하면서도 스승님의 보검에 목이 떨어지는 줄도 모르고 돌아가는 것을 보았다.

▣ 동림사 법당 앞에서의 스승님은
다른 세계에 머무시는 듯했다.

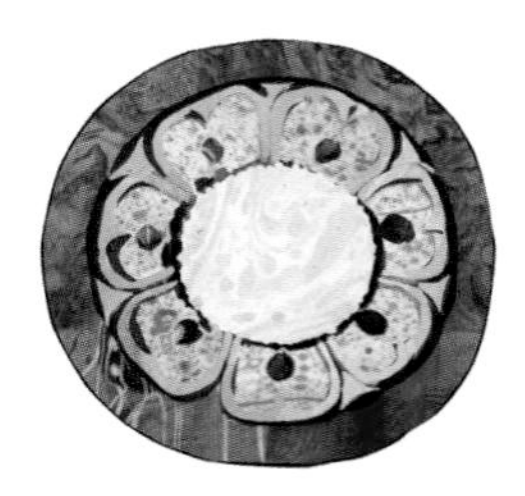

寒山華嚴

29

잡기(雜技)를 금할 것

1976년 겨울비가 추적거리고 내리는 날, 밖에서 하는 일을 못하게 되자 모처럼 모아 둔 신문지를 펼치고 붓글씨를 쓰고 있었다. 스승님께서 쓰시다가 버린 금이 간 벼루에 끝이 닳은 붓으로 가끔 반야심경을 쓰던 때였기에 붓을 든 것이었다. 그러나 모처럼 여가 시간을 갖게 되자 함께 있는 이들이 바둑판을 펼쳤다.

출가 전에 동네 장기 훈수 둘 정도는 되었고, 바

둑도 아마추어급으로는 꽤 잘 두던 솜씨였는데, 옆에서 자꾸 권하는 것을 핑계 삼아 바둑알을 집어 들었다. 한참을 바둑에 빠져 '한 수 물리자'는 등의 소리가 커지고, 결국은 스승님의 방에까지 들어간 모양이었다. "송강 수좌!" 부르시는 소리에 문을 열었더니 스승님께서 굳은 표정으로 밖에 서 계셨다. 평소 다른 스님들이 바둑이나 장기 두는 것을 보시고도 아무 말씀이 없으셨기에 별 생각이 없었는데, 그날 나를 보시던 스승님의 얼굴에는 실망이 가득했다. "수행자가 승부를 가리는 잡기(雜技) 따위에 몰두해서야 어찌 수행을 하시겠는가! 바둑판 이리 주게!" 바둑판은 다음 순간 아궁이 불길 속으로 사라졌다. 그리곤 아무 일도 없었다는 듯이 방으로 돌아가셨다. 얼른 뒤를 따라가 차를 우려 드리니 곧 웃음을 머금으셨다.

나는 사부대중과 함께 즐기거나 또는 신도들의 수행에 도움을 주는 것 외에는 개인적인 취미생활이 없다. 결국 대중다회를 위한 차와 음악 및 침향을 즐기는 것과 전법(傳法) 포교(布敎)의 수단으로써의 글쓰기 정도가 취미라면 취미이다. 나는 영구암시절로부터 수십 년이 지났음에도 스승님 경계의 말씀을 잊지 않고 있다. 그래서 건강을 위한다는 스포츠 취미도 그저 남의 얘기일 뿐이다. 덕분에 나는 늘 개화사 도량을 떠나지 않고 머물 수 있다. 주지(住持)란 다른 대중과는 달리 늘 책임을 맡은 도량에 머물며 도량과 대중을 보호하며 지켜야 하는 자리이다.

▣ 만들어진 지 백 년이 넘는다는 복원창(福元昌) 탕색 변화. 12시 지점에서 시계 진행 방향으로 다호(茶壺) 각 2회 우려서 한 잔씩 만든 것.

寒山華嚴
30

뜻밖의 고수

1976년 겨울바람이 낙엽을 이리저리 흩날리던 오후 괴이한 노인이 영구암에 나타났다. 하얀 두루마기 차림에 상투를 틀고 갓을 쓴 모습이 조선시대의 선비가 타임머신을 타고 나타난 듯했다. 그런데 더 뜻밖이었던 것은 스승님께서 죽은 도반 살아온 듯 반기시는 것이 아닌가. 나이는 스승님보다 한참 위였는데, 서로 말을 놓는 것이 또 이상했다.

저녁 기도를 마친 후 스승님 방에서 차 시중을

들게 되었는데, 나누는 얘기로 봐선 오랜 도반 같았다. 비록 모양은 서로 달랐지만 주거니 받거니 하는 건 바로 선문답이었다. 때로는 고산준령 같았다가 또 때로는 깊은 바다 같았고, 구름 한 점 없는 하늘의 태양 같았다가 깊은 호수의 보름달 같기도 했다. 때로는 광풍이 몰아치다가 때로는 산들바람이 부는가 하면, 때로는 뭇 생명을 살리더니 다음 순간 모든 것을 휩쓸어 버렸다.

새벽까지 주무시지도 않고 이어진 두 분의 법담(法談)은 석간수(石間水)처럼 쉼 없이 흘렀다. 두 분의 대화는 풋내기 수행자인 나에겐 참으로 따라잡기가 만만치 않은 수준이었다. 하지만 밤새 호탕한 웃음과 더불어 이어진 한담(閑談)은 그 어느 어록에서도 만나지 못한 살아있는 언어였고, 내게는 모처럼 몸도 마음도 깃털처럼 가벼워진 시간이었다.

다음날 아침 공양으로 죽 한 그릇을 비운 뒤 노

인은 두루마기로 바람을 일으키며 신어산(神魚山)을 내려갔다. 그뿐이었다. 스승님은 평소와 다름없이 일과를 이어가셨다. 떠나보내는 아쉬움 같은 건 티끌만큼도 없었다. 나는 그것이 또 그렇게 좋았다. 과연 어떤 이들이 하룻밤 사이에 세상 모든 이야기를 다 쏟아버리고 바람 스치듯 헤어질 수 있단 말인가. 세상에는 차림새에 상관없는 숨은 고수가 있음을 그때 깊이 깨달았다.

▣ 스승님께서 즐겨 그리신 한산습득도.
나는 그날 밤 두 분의 모습에서
이 그림을 보았었다.

寒山華嚴
31

법거량

6.25전쟁 이후 범어사에는 동산(東山) 큰스님이 계셔서 전국의 수좌들이 거의 모이다시피 했다고 하는데, 큰스님의 덕화가 컸기 때문이기도 하고 또 그나마 하루 두 끼의 공양을 할 수 있었기 때문이기도 했다고 한다. 어쨌거나 동산 큰스님의 제자는 100명이 넘었고, 법거량을 한다고 큰스님께 덤비는 젊은 수좌들도 더러 있었다고 한다. 법거량(法擧量)이란 스승에게 제자가 깨침을 인정받기 위해 하

▣ 내게 노스님(스승님의 스승님 즉 할아버지 스님)이 되시는 동산 큰스님의 진영(眞影).

는 언행을 뜻한다. 발음이 같은 법거량(法擧揚)의 경우는 스승이 제자를 점검하는 경우의 문답이나 또는 비슷한 경지의 선객끼리 문답을 주고받을 때 주로 쓴다.

1976년 겨울 스승님께서 법문을 하시기 위해 출타하셨을 때 올라오신 사숙님이 차를 마시면서 들려주신 얘기이다.

「어느 날 동산 큰스님이 계신 방에 젊은 선객이 불쑥 들어와 동산 큰스님을 업어치기 한 후 "이 도리가 무엇입니까?" 하고 물었지. 그때 옆에서 시중을 들고 있던 화엄 스님이 번개같이 그 스님을 들어 마당에 던진 후에 "자, 이 도리는 무엇인가?" 하고 묻더군. 그 스님이 아무 말도 못하고 범어사를 떠났지. 그리고는 동산 큰스님이 입적(入寂-돌아가심)하실 때까지 범어사에 발을 들여놓지 않았어. 자네 스승 참 대단했지. 참, 떠났던 그 선객은 이후 용맹정진하여 누가 들어도 다 아는 큰스님이 되셨어.」

그 선객은 나도 아는 분이셨는데, 내가 사숙님으로부터 들은 얘기를 여쭈었더니 스승님께서는 "지난 얘기야!" 하시고는 웃고 마셨다.

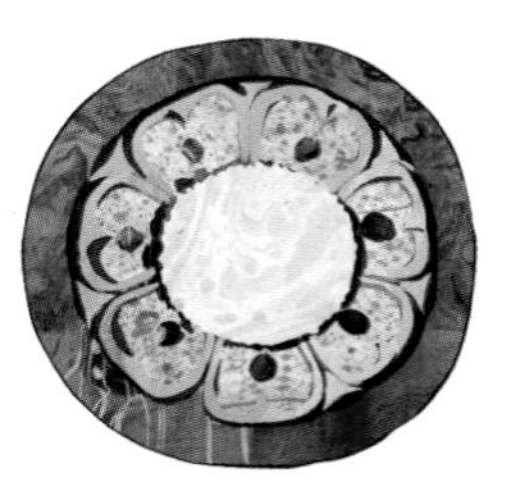

寒山華嚴
32

차 마시기

중학교 시절 선암사를 오르내리던 1966년부터 나를 알고 계셨던 스승님께서는 내가 영구암에 올라가자마자 차를 달이라고 시키셨다. 차는 하루 세 번 이상 마셨다.

내가 제대로 법제된 녹차를 마시기 시작한 것은 부산 선암사 석암 노스님 방에 드나들 때부터였다. 그러다가 고등학교 시절에는 스님들로부터 화개의 조태연씨가 법제한 죽로차를 얻어 보물처럼 귀하게 마셨다. 요즘에야 좋은 차도 많고 시중에 찻집도 많아서 쉽게 차를 구할 수가 있지만, 1960년대 말과 1970년대까지는 아직 시중에 찻집이 생기지도 않았었다. 그래서 조태연씨도 차를 직접 가지고 큰

▣ 2018년 구증구포한 우전 4g을 90도의 물로 5초간 우린 것. 봄의 싱그러움을 느끼기에 더없이 좋다. 맛은 구수하면서도 미세하게 쌉싸래하며, 시작은 풋풋하고 뒷맛은 부드러운 단맛이다.

절을 돌며 스님들께 판매하던 시절이었다. 그러니 개인적으로는 차를 구할 수도 없었다. 당시 조태연 씨의 차는 녹색 원통의 깡통에 '죽로차(竹露茶)'라고 한자로 쓴 제품이었고, 전통적인 구증구포(九蒸九曝)로 법제(法製-약용식물을 가공하는 것)한 것이었다.

구증구포란 무쇠 솥에 덖어서 촘촘하게 짠 멍석에 놓고 손으로 적당히 비비는데, 이것을 아홉 번 되풀이하는 것을 말한다. 이 방법에 대해 가불가(可不可)의 여러 가지 주장들이 많지만, 40년 이상 차를 마신 이들 대부분이 이 방법에 찬성한다. 이것이 불가능하다고 주장하는 이들은 아직 법제하는 솜씨가 무디다고 볼 수밖에 없다. 또 구증구포라야 차의 아릿한 독성과 비릿한 맛이 완전히 사라지면서 차의 기운도 따뜻해진다.

시중에 판매되는 차에는 우려 마시는 설명서가 있는데, 대체로 온도를 많이 낮추어 2분 정도 기다리라고 하였다. 그렇지만 구증구포를 한 차는 90도 정도의 온도로 빠르게 우리는 것이 맛있다. 하지만 구증구포가 아닌 차를 이 방법으로 하면 향도 고약해지고 맛도 떫거나 쓰다. 구증구포의 차라도 찻잎을 딴 시기에 따라서 또 다르므로 만약 그 미세한 온도와 시간을 절묘하게 맞추지 못하면 차를 망칠 수도 있다. 그러니 이 방법은 오래 숙달된 사람만이 할 수 있다. 사실 차를 우려 마시는데 정해진 정답은 없다고 보는 것이 옳을지도 모른다. 차, 물, 다기, 사람, 온도, 시간, 개성, 취향이 모두 다르기 때문이다.

차를 마시는 시간은 특별한 손님이 없는 한 스승님과 나만의 시간이었다. 대중들은 차를 마시라고 해도 달가워하지 않았기 때문이다. 차 마시기는 하루 일과에서 내가 가장 좋아한 시간이기도 했다. 좋은 차를 마음껏 마실 수 있는 시간이었으니, 차를 좋아한 나로서는 그보다 더 좋을 수가 없었다.

게다가 스승님께서는 차를 드시면서 지나가는 농담처럼 내게 질문을 하시곤 했다. 그렇게 매양 나의 공부를 점검해 주셨던 셈이다.

차를 마신 후에는 늘 이렇게 말씀하셨다. "송강 수좌가 달여 주는 차는 참 맛있단 말이야!" 이것이 꼭 차의 맛만을 말씀하시지는 않으셨을 것이다.

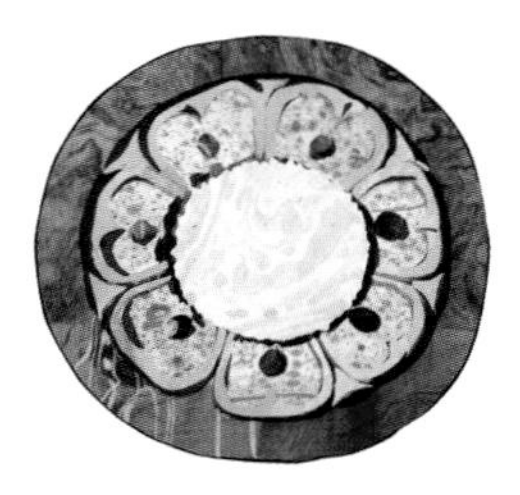

寒山華嚴
33

빨치산(partisan-게릴라)

사숙(師叔)님 중에 박학다식한 어른으로 백운(白雲) 스님이 계시는데, 범어사 불교전문강원(佛敎專門講院-현 범어사 승가대학)의 강주(講主-학장)를 역임하신 어른이시다. 젊은 시절에는 강건하시고 몸이 잽싸기도 하셔서 스승님을 뵈러 가끔 영구암에 오셨다. 그날도 스승님께서는 타지에 법문하러 가셨는데, 백운 사숙님께서 올라오셨다. 공양과 차를 준비해 드리고 시중을 들어 드렸더니, 재미있는 얘기를 해 주시겠다며 입을 여셨다.

“자네 스승님은 참 대단하신 분이시라네. 죽음 앞에서도 전혀 흔들림이 없는 분이시지. 그게 그러니까 1953년 여름인가 그럴 게야. 범어사에서는 유명한 이야기지.”

그날 밤 백운 사숙님으로부터 전해 들은 얘기는 다음과 같다.

「1953년 여름, 6.25전쟁(한국전쟁)이 휴전이 된 직후의 일이었다. 부산의 금정산(金井山)에는 낙동강을 건너온 빨치산(partisan-게릴라)이 남아 있었다. 이들은 휴전과는 상관없이 사명감에 불타서 항복을 하지 않은 상태로 항전을 계속하고 있었다. 이들과 국군 또는 경찰과의 밀고 밀리는 싸움은 계속되고 있었는데, 낮에는 아군이 세력을 확장하였고, 밤에는 빨치산이 밀고 내려왔다. 밤낮으로 상황이 바뀌는 지역 안에는 범어사 산내 암자인 미륵암이 있었다.

미륵암(彌勒庵)은 금정산 정상의 남쪽에 위치한다. 그때 이곳에는 당년 29세의 스승님과 현 금정총림(범어사) 방장(方丈)이신 지유 사숙님 그리고 몇 분의 젊은 스님들이 함께 머물고 있었다. 미륵암이 금정산에서 가장 높은 곳에 있는 거주처이다 보니 낮에는 아군이 와서 밥을 해 먹었고, 밤이면 빨치산이 내려와 밥을 해결하였다. 스님들은 적이니 아군이니 하는 개념이 별로 없는 상태에서 양쪽 모두에게 도움을 주는 상황이었다. 밀고 밀리는 상황이 오래가면서 미륵암에 거주하던 스님들은 양쪽으로부터 적에게 협조하는 불순한 인물들로 오해를 받게 되었다.

어느 날 해질녘 국군이 내려가고 난 뒤 빨치산이 내려왔다. 그런데 국군에게 밥을 해 주었다는 이유로 총살을 시키겠다며 총으로 위협하여 모두 마당에 모이게 하였다. 바로 그때 스승님께서는 아주 천천히 장삼을 입고 가사를 수하셨다. 빨치산 병사가 총으로 위협하며 마당으로 내몰려고 하자, 스승님께서 한마디하셨다. "당신들이 총살을 시키겠다고 하니 마지막으로 부처님께 하직 인사를 드리고 오겠소." 그러고는 총부리에도 아랑곳하지 않고 법당으로 올라가 삼배를 드린 후 대중들이 모인 곳으로 가셨다. 스승님의 눈빛에는 두려움 같은 것이 없었다. 이 모습을 뒤에서 지켜보던 지휘관 대좌가 앞으로 나오더니, 병사들을 물리친 후 스님들을 방으로 모셨다. 그리고는 스승님께 큰절을 올리고는 사죄를 했다. "이곳에 도인이 계신 줄을 모르고 제가 무례를 범했습니다. 앞으로는 스님들께 누가 되는 일이 없도록 하겠습니다."」

이후로 빨치산이 미륵암 스님들을 괴롭히는 일은 없었다고 하며, 당시 함께 있던 스님들은 죽음의 문턱에서 되살아났기에 스승님을 도인처럼 대하게 되었다고 한다.

나는 이 얘기를 수년 뒤 범어사 불교전문강원(승가대학)에서 공부할 때, 다른 사숙님들로부터 수차례 다시 들었다.

▣ 1977년 스승님의 생신을 맞아 영구암에 모인 사숙님들과 사형사제 및 조카 상좌. 스승님의 오른쪽에 염주를 손에 드신 분이 백운(白雲) 사숙님.

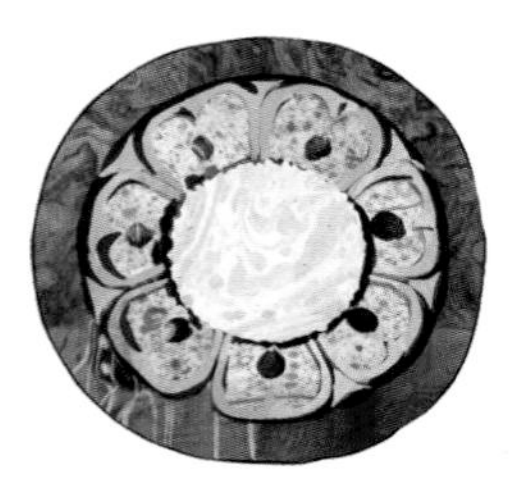

寒山華嚴
34

불 붙여 보시오

1975년 긴 겨울밤 스승님께서 작품을 하시는 중간에 차를 우려 드리며, 젊은 시절 운수행각하실 때의 재미난 얘기 하나 들려 달라고 졸랐다. 다음은 스승님께서 싱긋 웃으시며 해 주신 얘기이다.

「해방 직후는 일제강점기의 영향으로 결혼한 스님들이 아주 많았지. 특히 호남 지방은 가는 곳마다 가족과 함께 사는 스님들이 대부분이었어.

어느 날 전라남도의 잘 사는 한 시골 마을에 탁

발을 하며 지나다가, 마을 앞 정자나무 아래에서 쉬고 있던 마을 노인네들과 만났지. 차림새로 봐서는 양반 행세나 하며 사는 노인들 같았는데, 꽤나 긴 장죽을 물고 있더란 말이지. 그냥 지나치려 하는데 한 노인네가 부르더군.

"젊은 대사! 불 좀 빌립시다."

그러면서 장죽을 쑥 내밀더군. 옛날 결혼한 스님들은 담배도 곧잘 피웠거든. 그래서 정중하게 답을 했지.

"저는 담뱃불 붙일 도구를 갖고 있지 않습니다."

"어허! 그러지 말고 불 좀 빌리자니까."

"정말 성냥 같은 것 없습니다."

"꼴은 대사 같은데 불도 갖고 있지 않단 말인가?"

노인들은 점차 재미를 붙였는지 날 잡아두고 계속 놀리려 들더군. 빨리 상황을 끝내고 길을 가야겠기에 특단의 조치를 취하기로 했지. 그래서 바지를 내리고 불알을 보여주며 고함을 쳤지.

"자! 여기 내 불 있으니 어디 능력이 있으면 담뱃불에 불 붙여 보시오!"

그랬더니 노인네들이 자세를 바로 잡으며 정중하게 사과를 하더군.

"대사님, 농을 좀 한 것이니 용서하시구려!"」

"어떤가? 재미있는가?"

얘기를 마치신 스승님께서는 맛있게 차를 드셨다.

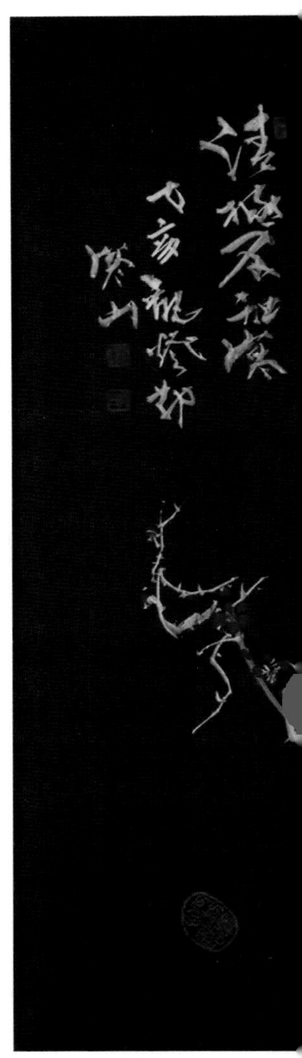

▣ 미타사 주지 소임을 볼 때 모처럼 스승님을 찾아뵙고 두 시간 동안 새벽기도를 하고 나오니 스승님께서 완성해 놓으셨다가 선물로 주신 매화도. – 청매부지한(淸梅不知寒) 을해(乙亥) 관등절(觀燈節) 한산(寒山)
(개화사 설법전 소장.)

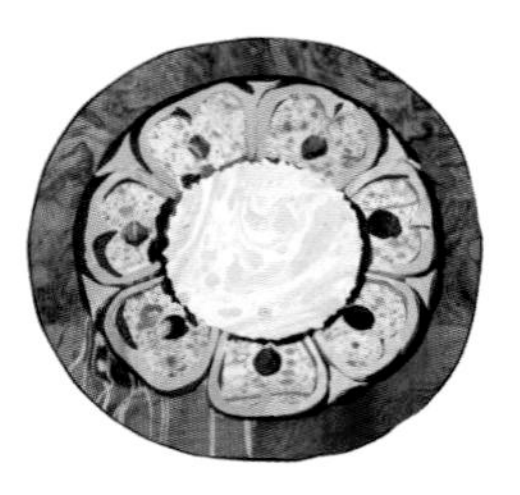

寒山華嚴
35

모든 것이 삼매

1975년에서 1977년까지 내가 시봉을 하던 시기의 기억으로는 스승님께서 죽비를 치고 좌선을 하신 적이 없다. 하지만 스승님은 내게 최고의 삼매를 보여 주셨다. 스승님의 24시간 모든 행위는 모두가 선정이고 삼매였던 것이다.

스승님을 모시고 살던 그 시기에 나는 두 시간만 잠을 잤었다. 그런데도 스승님께서 잠드신 모습을 본 적이 없다.

새벽 두 시 도량석(道場釋)을 준비하기 이전에 이미 스승님께서는 정좌를 하시고 보현행원품을 독송하고 계셨다. 새벽 예불과 기도를 마친 5시경에 스승님 방에 가면 선서화(禪書畵)를 하고 계시거나 정좌의 상태로 적멸의 경지에 들어 계셨고, 아침 공양 후 차를 드시고 나면 밭 만들기나 농사 또는 나무하러 나와 함께 산에 오르셨다. 점심 후에도 손님과 차를 마신 후 오전과 비슷한 일과를 계속하셨고, 저녁 예불과 기도를 마친 저녁 9시경에는 다시 선서화(禪書畵)를 하셨다. 차를 우려 드리고 먹을 가는 등 시중을 들다가 잠자리를 봐 드리거나 날씨가 궂은 날엔 지압을 해 드리면 잠시 주무시는 듯이 보였다. 그러면 나는 촛불(나중엔 전깃불)을 끄고 내 방으로 돌아와 잠시 정리하고 자정에 잠자리에 들었다.

그런데 잠자리에 들기 전 다시 해우소(화장실)를 가기 위해 스승님 방을 지나려고 보면 이미 촛불이

켜져 있고 커튼 사이로 보이는 스승님은 좌불(坐佛)처럼 미동도 하지 않으셨다. 얼마나 고요하던지 촛불도 일렁이지 않을 정도였다. 내가 방에서 물러나게 하기 위해 일부러 주무시는 모습을 보이셨던 것이다.

스승님과 더불어 밭을 만들거나 농사를 짓거나 나무를 할 때도 스승님은 마치 거울 같았다. 앞에 있는 사람들의 상태에 따라 다른 그림자를 보이는 듯했으나 언제나 맑은 거울 같아서 내 모습이 그대로 투영되어 보이는 것이었다. 처음 나는 스승님과 별개로 분별하고 흔들리는 모습이었으나, 스승님의 그 삼매의 기운을 받아 점차 고요해지기 시작했다. 그렇게 해가 바뀌자 나는 비로소 스승님께서 최상의 선(禪)을 내게 보여주셨고 이끌어 주셨으며 그 선의 삼매에 들게 하셨음을 알게 되었다.

뒷날 내가 중앙승가대학교에서 팔만대장경을 열람하던 때나 총무원 국장 생활로 8년을 바쁘게 지낼 때, 방송 또는 주지 업무로 종일 분주하게 움직이면서도 항상 고요함을 유지할 수 있었던 것은 오직 모양 없는 선(禪)을 몸소 보여주신 스승님 덕분이었다.

▣ 스승님께서 사용하셨던 촛대와 비슷한 것. 1975년 당시처럼 어둠 속에 촛불만 켠 상태로 촬영.
– 놋쇠에 은 상감(象嵌). 개화사 서고(書庫)에 소장.

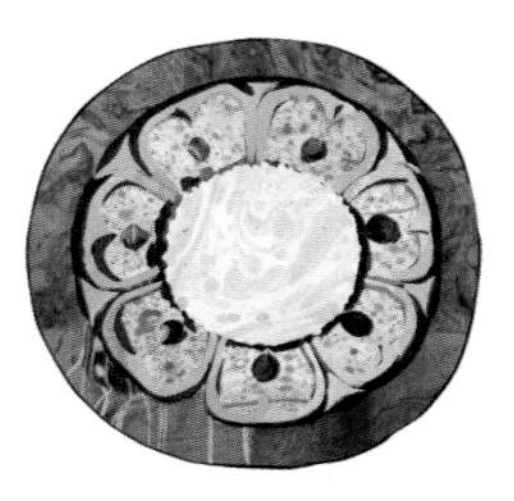

寒山華嚴
36

도끼날이 향하는 곳

▣ 초상화 전문이며 동국대학교 명예교수인
손연칠 화백이 그린 스승님의 진영(眞影).
– 소품 족자형으로 내 작업실에 모셔져 있음.

1975년 겨울 영구암이 하얗게 눈에 덮인 날, 스승님께서 붓을 잡으시는 동안 나는 도끼를 잡았다. 두 시간 이상 신어산을 울리며 장작을 패고 있노라니 스승님께서 손수 차를 우려 들고 오셨다.

"차 한잔 하시게!"

"감사합니다."

"아직 장작이 부족한가?"

"장작은 이미 충분합니다."

"그럼 자네의 도끼는 무엇을 쪼개고 있는가?"

"문이 없는 무쇠상자를 찍고 있습니다. 그런데 도끼날이 무딥니다."

"그런가? 나라면 부처의 정수리를 쪼개겠네!"

그 말씀을 남기시고 스승님은 방으로 향하셨다. 나는 스승님의 등을 향해 삼배를 올렸다.

寒山華嚴
37

스승님의 붓글씨

스승님의 붓글씨를 처음 접한 것은 고등학교 2학년 때였을 것이다. 당시 스승님께서는 범어사 선원의 최고 어른인 유나(維那)를 맡고 계셨는데, 일요일이면 자주 스승님을 찾아뵙고 지도를 받을 때였다. 어느 날은 스승님께서 선방(禪房)에 좌선(坐禪)을 하러 들어가셨기에 혼자 스승님 방에서 버너로 라면을 끓여 먹고 있었다. 스승님께서는 좌선을 마치고 돌아오시더니 "자네가 주인 노릇 하는구먼."

하시며 웃으셨다. 그런 인연으로 그해 수련대회에 법문을 청하여 『반야심경(般若心經)』을 들을 수 있었고, 수련대회를 마친 후 감사인사를 드리러 갔더니 초서(草書)로 쓴 『반야심경(般若心經)』을 주셨다. 물 흐르듯 유려하게 쓴 스승님의 초서를 접한 것은 그것이 처음이자 마지막이었다. 며칠 후 청년회 선배들에게 자랑을 했는데, 간절히 갖기를 원하는 선배가 있어서 주고 말았다.

1975~1977년 내가 영구암에서 모시고 살 때에 쓰신 글씨는 주로 힘찬 행서(行書)였다. 고등학교 때 봤던 초서의 유려함 대신 엄청난 힘을 지닌 서체였는데, 뒷날 스승님만의 독특한 서체가 만들어졌을 때 스승님은 그것을 구체(龜體) 즉 '거북이 등의 무늬처럼 꺾인 글씨'라고 이름 붙이셨다.

스승님은 붓을 칼 쓰듯 하셨다. 큰 글씨로 쓰시는 경우는 한 작품을 거의 1분 이내에 쓰셨고, 작은 글씨로 '반야심경'이나 '의상조사 법성게'를 쓰시는 경우라도 10여 분이면 쓰셨다. 그러니 그리듯 멋을 부리는 글씨와는 거리가 멀었다.

스승님이 붓글씨를 쓰시는 동안 다른 벼루로 두어 시간 먹을 갈아드렸는데, 먹을 간다는 것도 고요함에 드는 수행이 되었다. 정좌한 상태로 앉아 손만 움직여 먹을 가는데, 마음자세가 어긋나면 곧 먹이 튀거나 벼루 밖으로 넘쳤다. 먹이 튄다는 것은 잠깐 망상을 피웠다는 뜻이다. 모든 일에는 집중이 필요하다. 그 집중은 다른 생각이 없을 때 가장 잘된다. 그것을 무념(無念)이라고 한다. 모든 정신이 먹을 쥔 손에 집중되어 있으면 잡념은 저절로 사라진다. 이것을 삼매(三昧)라고도 하고, 그때의 정신 상태를 맑게 깨어 있다고 표현한다. 수행자는 매사에 이처럼 잡념 없이 집중하여 다른 생각이 없어야 하는데, 나중에는 의식적으로 집중하지 않아도 일상생활이 자연스럽게 맑고 고요함을 유지하게 되는 것이다.

스승님은 이렇게 쓰신 글씨를 신도들에게 그냥 선물로 주셨다. 내게도 여러 점을 주셨지만 갖기를 원하는 사람들에게 모두 선물로 주어버려서, 영구암 시절의 글씨는 내게 없다.

▣ 스승님께서 1995년에 쓰신 의상조사 법성게(義湘祖師 法性偈) 병풍. 프랑스에서 활동하시는 세계적인 화가 방혜자 선생은 이 병풍을 보자 삼배를 올리고는 마치 추상화를 보는 것 같다고 했다. – 개화사 주지 집무실 소장.

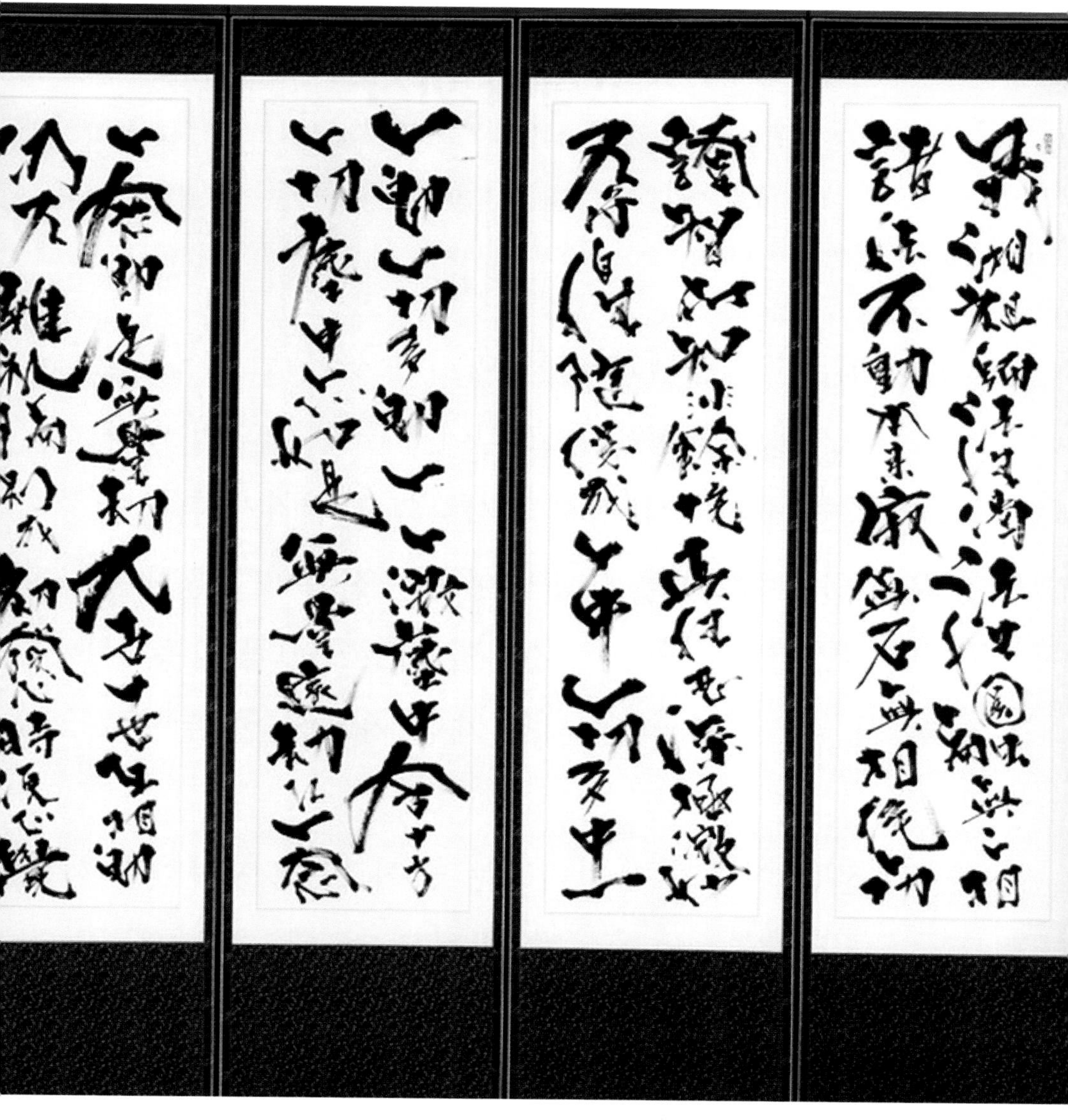

寒山華嚴
38

고찰의 야사

1975년 스승님과 차를 마시던 늦은 밤, 스승님 젊은 시절의 체험을 듣고 싶어서 6.25 이후의 폐사된 사찰이나 폐사 직전의 사찰의 분위기가 어떠했는지를 여쭈었다. 전쟁의 아픔은 산속의 고찰에서도 고스란히 나타났을 것이기 때문이었다. 다음 이야기는 스승님 젊은 시절 체험 가운데 한 토막이다.

「전쟁 이후의 우리나라는 꼴이 말이 아니었지.

산중의 고찰이라고 전쟁의 참화를 피할 방법이 없어서 많은 사찰이 포화에 잿더미가 되었고, 그나마 남아있던 사찰들도 대표적인 절을 제외하곤 스님이 없거나 한두 명이 있는 정도였어. 운수행각(雲水行脚-스님들이 이동하며 수행하는 방식)을 할 때 객으로 절에 들리는 것도 미안하던 그런 시절이었지. 당장 양식이나 땔감 따위가 문제가 되던 시절이었으니까. 또 객에게 문제가 되던 것 하나는 전쟁으로 인해 억울하게 죽은 고혼(孤魂)들이 너무나 많아서 잠을 자기가 어려운 상황도 일어났다는 게야.

아마 단기 4288년(1955년)이었을 걸. 경상북도 문경을 행각하다가 저녁 무렵 대승사에 들어가게 되었지. 혼자 있던 주지는 별로 반기지 않는 얼굴로 저녁을 차려 주더니 방 하나를 내어 주더군. 간단히 씻고 촛불을 켜고 좌선을 시작했다네. 당시는 거의 눕지를 않고 좌선으로 날을 새우던 시절인지라 그날도 그럴 생각이었어. 그런데 선정에 들려고 하니 갑자기 말발굽 소리와 창검이 부딪히는 소리가 요란한 거라. 내가 완전히 전쟁터 한가운데 앉아 있는 꼴이었지. 한참을 그러다가 좀 조용한가 싶더니 이번에는 총소리가 콩 볶듯 요란하길 한 시간여 계속되며 비명소리가 귀를 울리더군. 거기까진 그래도 괜찮았어. 벽을 등지고 문을 향해 좌선을 하고 있었는데, 창문에서 큰 얼굴이 화난 듯이 나를 보더니 긴 팔을 뻗어 멱살을 잡고는 끌어내려고 하는 게야. 그래서 두 발을 뻗어서 벽에 버티며 힘겨루기를 시작했어. 갑옷에 투구를 쓴 거인은 내가 마치 자기 자리를 차지하고 있어서 쫓아내려는 듯했어. 새벽 목탁이 울릴 때까지 힘겨루기를 하느라 좀 힘든 밤이었지.

날이 밝아 오니 방 밖에서 주지의 발소리가 계속 들리더란 말이야. 그때야 알았지. 이 방이 문제가 있던 방이라 주지가 다시는 대승사에 오지 말라고 일부러 내어준 방이라는 것을. 그래 나도 주지를 혼내주려고 한참을 기다리다가 주지가 문밖에서 귀를 기울여 방 안의 동태를 살피는 그때 갑자기 문을 확 열었지. 그랬더니 주지가 땅바닥에 쓰러져 한참 넋을 잃고 있더군.

그날 이후 대승사에서 열흘 정도 머물렀는데, 주지가 극진히 대접을 하더군. 주지 말로는 누구나 밤이 되면 그 방에서 뛰어나와 곧바로 대승사를 떠났다고 실토를 했지. 아, 물론 나야 다음날부터는 그 방에서 조용히 좌선을 할 수 있었다네.」

***참고로 말씀 드리자면 이런 현상을 체험하는 스님들은 수행력으로 식(識)이 아주 맑아져 있어서 일반인들이 보고 듣지 못하는 것을 보고 들을 수 있으며, 대부분 두려움을 넘어선 경지이다. 페이스북(Facebook)에 내가 영구암에서 영가들 장난을 불식시킨 내용을 올렸더니, 누군가 나를 무당이라고 한 이가 있었다. 어느 정도의 수행 경지 이후부터*

경험하게 되는 이런 일은 깊게 수행해 본 일이 없이 이론만 공부한 이들은 체험하지 못하므로 이해를 못 한다. 이는 무당이나 퇴마사의 경우와 비슷해 보이지만 완전히 다른 경우이다. 영가의 세계를 알지도 못하면서 49재 등을 할 수는 없는 일이다. 스님들은 영가를 물리치는 것이 아니라 자비심으로 마음공부를 시켜 스스로 집착을 놓고 갈 길을 가게 도와주는 스승 역할을 하는 것이다.

하지만 영가를 보고 아는 경지가 완벽한 깨달음과는 다르다는 것도 분명히 말씀드린다. 이전에 많은 질문이 있었기에 설명을 드린 것이다.

▣ 전쟁 등으로 이름마저도 사라져 버린 절이 많다. 경북 월성 장항리 사지도 절 이름을 잃어버렸다. 서탑은 통일신라시대 조성으로 국보 236호이고, 동탑은 옥개석(지붕돌)만 남아 있다.
(정도 스님 사진.)

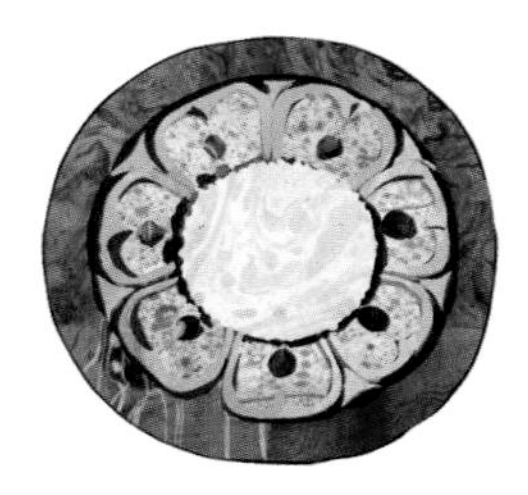

寒山華嚴

39

상여집의 밤

1976년 차가운 이른 봄비가 내리던 날 점심 후 차를 마시다가 운수행각(雲水行脚-구름과 물처럼 흐르면서 수행한다는 말로 스님들이 머무는 수행인 안거安居와 병행하여 하는 수행)을 해야 하는 이유에 대해 말씀 좀 해 주십사고 스승님께 여쭈었다. 다음은 스승님의 말씀을 요약한 내용이다.

「선원에서의 생활은 선정(禪定)이나 삼매(三昧)에 들 수 있는 최상의 환경을 만들어 주는 것이야.

만약 선원에 있으면서도 선정과 삼매가 순조롭게 유지되지 않는다면 망상이나 피우고 있다는 뜻이지. 오래 수행한 구참(舊參-선원생활을 오래한 수행자)들과 함께 있으면서 정해진 좌선 시간에 맞춰 정진하고 또 포행(布行-행선이라고도 하며 좌선으로 인한 몸의 긴장이나 졸음을 쫓기 위해 걷는 선)을 하면서 화두참구를 하는 것이야 누군들 못해. 선원에서도 화두참구가 제대로 되지 않는다면 진짜 못난이야. 또 죽비 치고 앉아야만 고요해진다는 사람도 하근기(下根機-자질이 부족한 사람)거나 신참(새내기)인 게지. 선정이나 삼매는 좌선할 때야 당연한 것이지만 포행을 할 때나 얘기를 하면서도 유지되어야 하는 것이야.

선원에서의 수행은 순경(順境) 즉 최적의 환경에서의 수행이라고 할 수 있지. 그런데 수행을 어떻게 최적의 상황에서만 할 수 있겠어. 끝없이 사람도 만나야 하고 변화무쌍한 환경을 만나야 하는데,

그래서 안거기간이 아니거나 혹은 수행이 익었을 때는 일부러 거슬리는 역경(逆境)을 만들어서 정진해 보는 것이야. 그러면 자기 수행의 깊이를 알 수 있지.

50년대의 운수행각은 마을 돌아다니며 걸식도 하고 또 가정마다 생기는 좋지 못한 상황을 해결해 주기도 하며 다녔는데, 절이 아닌 부농(富農)의 머슴방에서 자기도 하곤 했지. 그런데 대개 주인집 사람들이 법문을 청하는 사람에 밤늦게까지 시간을 보내야 할 때가 많았어. 그래 나는 다른 방도를 생각했지. 옛날 큰 마을에는 공동으로 쓰는 상여를 보관하는 상여집이 동네 어귀에 있었거든. 비바람도 피할 수 있고 또 사람을 만나지 않아도 되어서 상여집에서 잘 때가 많았지.

어느 때 상여집에서 좌선을 하는데 잠깐 졸았던 모양이야. 귀신들이 귀한 손님 왔는데 대접할 것도 없어 큰일 났다며 떠드는 소리가 들리더란 말이야.

잠을 깨 내 공부가 부족해 귀신들이 나를 보는구나 생각하니 부끄럽더구먼. 그래 다시 화두를 챙겨 선정에 드니까 귀신들이 손님이 어디 가셨나 하며 찾더란 말이지. 이렇게 운수행각에는 자기 공부의 수준을 점검할 기회가 많은 것이야.

주지를 하는 것도 운수행각처럼 자기 공부를 점검할 수 있는 좋은 기회지. 나와 함께 매일 일하는 것도 운수행각이나 같은 것이네.」

나는 이때 스승님께 들은 말씀으로 인해 이제껏 일상의 모든 것이 안거(安居) 또는 운수행각(雲水行脚)이라고 생각하며 살고 있다.

▣ 입적한 스님의 상여 운구행렬. 산 사람이 죽은 이를 따르는가, 아니면 죽은 이가 산 사람을 따르는가.

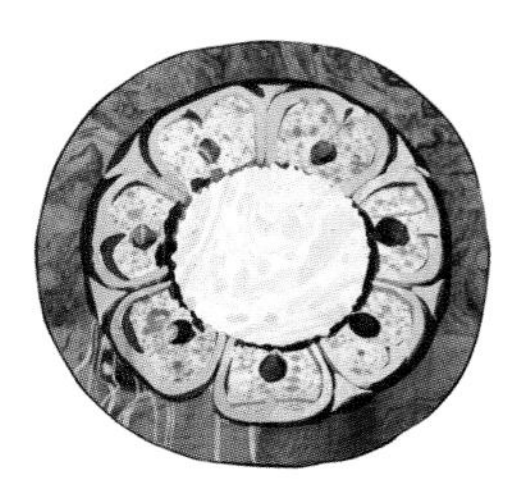

寒山華嚴

40

단식

1976년 봄 농사가 대충 마무리되고 초여름 장마가 오락가락할 무렵엔 밭 만드는 일도 계속하기 어렵게 되었다. 때마침 한 달 이상 장기요양을 온 보살님이 공양 짓는 일을 맡아주었다. 이 시기를 활용해서 나는 단식을 하기로 결심하고 스승님께 허락을 받았다. 스승님께서는 의학을 전공하셨고, 출가 이후에는 많은 단식을 하셨다. 그래서 난치병에 걸린 이들이 스승님의 지도로 단식을 해서 완치되는 것을 많이 봤었다. 나는 단식을 통해 스스로를 다시 살펴보고 싶었던 것이었다. 기도를 계속하겠다는 조건으로 스승님의 승낙을 받았다.

단식 기간은 21일간으로 정했는데, 본 단식에 들어가기 전 3일간 미음만 약간씩 먹었다. 그리고 본 단식 전날 설사약을 먹고는 위를 완전히 비웠다. 단식을 하는 사람은 매일 물을 2리터 이상 마셔야 한다. 처음엔 물 마시기가 어렵지 않았다. 하지만 물을 꾸준히 마신다는 것이 그리 쉬운 일만은 아니었다. 단식을 해 보면 빈속에 마시는 물이 얼마나 비릿한지를 금방 알 수 있다. 단식을 하면 장이 비기 때문에 자칫 협착이 일어날 수도 있다. 그래서 억지로라도 물을 마셔야 하지만, 한편으로는 관장을 꾸준히 해 주어야 한다. 물을 한 되 이상 체온과 비슷한 온도로 데워서 욕실에서 관장기구를 이용해 항문으로 천천히 물을 주입하여 위에까지 물을 채운다. 그런 후에 방에 돌아가 누워서 몸을 굴리면

물이 장에 골고루 퍼지는데, 충분히 퍼진 후엔 자동적으로 쏟아져 나온다. 이때 장기 안의 찌꺼기도 씻겨 나온다.

첫 단식에서 가장 어렵게 느껴진 순간은 10일 전후였다. 마음과는 달리 몸은 평소와 다른 상황에 매우 힘겨워했다. 초여름인데도 밤이면 추위를 느꼈고, 기도하는 시간에는 염불이 잘 나오질 않았다. 특별한 병은 없었기에 몸에서 악취는 별로 나지 않았지만, 매일 물을 데워 씻어야만 했다. 몸에 심한 악취가 난다면 심각한 병을 앓고 있다는 증거이다. 12일째에 짜장 같은 숙변(宿便)이 나왔는데, 숙변이 나오는 시기나 양은 사람에 따라 차이가 있다. 14일을 전후해서는 몸이 아주 편안해졌고 잠이 거의 사라졌다. 감각기관은 엄청난 상태로 맑아져서 산속의 모든 움직임이 감지될 정도였고, 어떤 때는 마을의 음식 냄새까지 맡을 수 있었다.

21일 단식을 완전히 마치고는 섭식(攝食)에 들어

갔다. 첫날엔 물 같은 미음 한 종지를 10여 분에 걸쳐 씹어 먹고, 이것을 점차 늘리면서 과일즙을 조금씩 씹어 먹었다. 양념이 된 음식은 보름이 될 때까지 입에도 대지 않은 상태로 미음에서 묽은 죽으로 옮겼고, 그 이후 물김치 정도를 약간 먹으면서 서서히 소량의 밥을 먹기 시작했다. 정상적인 식사를 하기 시작한 것은 한 달이 지나서였다.

단식을 할 수 있었던 것은 스승님이 계셨기 때문인데, 스승님의 그늘이었기에 두려움 없이 굶는 수행을 할 수 있었던 것이다. 스승님께서는 무심히 대하셨지만, 매일 나의 상태를 살피고 계시다는 것을 나는 알고 있었다.

*** 이상은 내가 했던 단식의 과정이며, 다른 단식법이 얼마든지 있을 수 있으니 오해가 없기를 바람. ***

나는 젊은 시절에 21일 단식을 세 번 했었다. 단식에서 가장 위험한 일은 음식을 먹기 시작했을 때이다. 대부분 이때에 절제를 하지 못해서 오히려 화근을 만드는데, 그 결과는 단식을 하지 않느니만 못하다. 자칫 목숨을 잃을 수도 있으니, 반드시 전문가의 지도와 도움을 받아야만 한다.

단식을 성공하면 몸의 감각은 말할 것도 없고, 인식작용도 맑아져서 모든 판단이 빠르게 된다. 또한 두려움은 사라지고 통찰력은 넓고 깊어진다. 그래서 다른 사람보다 몇 배의 역량을 발휘할 수도 있다.

단식을 마치고 평소처럼 활동하게 되었을 때 스승님께서 한 말씀 하셨다. "많이 맑아졌구나!"

▣ 21일 단식을 하면 광대뼈가 튀어나온다. 중국 청나라 조각가가 대나무로 조각한 아라한 상(혹은 노스님상)을 선물로 받아 주지실에 소장.

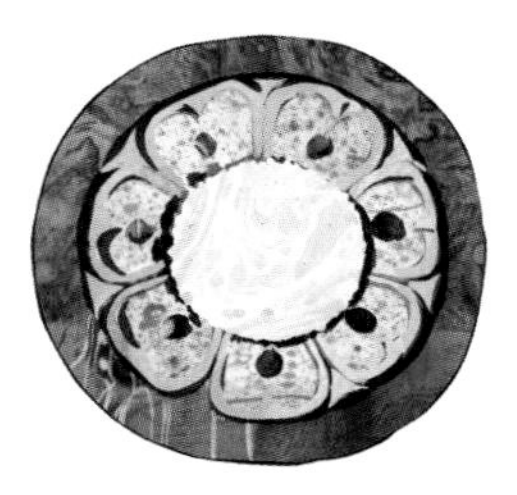

寒山華嚴
41

스승님 방에서 잠들다

1976년 4월 초파일 준비는 참 바쁘게 진행되었다. 당시로서는 부처님 오신 날에 불을 밝힐 등을 만드는 것이 가장 큰 일이었다. 굵은 철사로 등살을 만들어 팔각의 등 형태를 만들고, 종이를 재단하여 등살에 바르고 손으로 연잎을 제작하여 그 위에 붙여 연등을 만드는 전 과정을 손으로 하는, 완전 수제품이었다. 이 일은 학생회 시절부터 내가 계속해 온 일이었기에 내 책임 아래 몇 달간 계속되는 일이었다.

초파일이 가까워지자 도량에 줄을 쳐서 등 달 준비를 했고, 당일 아침 일찍 등을 줄에 달았다.

초파일 불공에 올릴 공양물 등을 준비하는 것은 다행히 신도들이 협력하여 잘 해결했고, 도량 정리 등은 며칠에 걸쳐 마쳤다. 당일은 불공 올리는 일과 등 다는 일 등으로 정신없이 진행되었는데, 많은 신도들이 밤에 등을 밝힌다고 귀가하지 않는 바람에 생각지도 않았던 밤 법회까지 열리게 되었다.

법당에서 법문을 하시는 스승님 앞에 앉았는데, 며칠간 잠자지 않은 표시가 나기 시작했다. 꾸벅꾸벅 조는 모습을 스승님께 보이는 것도 죄송스러웠고 신도들의 시선도 신경이 쓰였다. 결국 자리에서 조용히 일어나 바로 옆의 스승님 방으로 들어갔다. 잠깐 쉬다가 법문이 끝날 무렵에 다시 법당으로 나갈 생각이었는데, 잠시 쉰다고 누웠던 것이 탈이었다.

갑자기 스승님의 말씀에 이어 신도들의 웃음소

리가 바로 곁에서 들렸다. 눈을 감은 상태에서 살피니 법문이 끝난 뒤 스승님께서 방으로 자리를 옮기셨고, 신도들 십여 명이 따라 들어와 얘기꽃을 피운 모양이었다. 그 한가운데 내가 누워 있는 셈이었다. 다시 살피니 내 머리 밑에는 베개가 있었고, 몸에는 얇은 이불이 덮여 있었다. 갑자기 자리를 털고 일어나기도 어쩐지 쑥스러워 그 상태로 잠든 체하고 누워 있었다. 십여 분이 지나자 스승님께서 피곤하다며 신도들을 물리셨다. 그런 후에 스승님께서 말씀하셨다.

"송강 수좌! 조금 전부터 깨어 있는 줄 알고 있으니 일어나시게. 하긴 며칠간 수고가 많았지. 얼마나 피곤했으면 잠들었겠나 싶어 일부러 깨우지 않은 것일세."

자애로운 음색으로 말씀하시는 바람에 잠시 눈시울이 붉어졌었다.

▣ 동림사에서 72세 생신을 맞으시어 상좌들의 인사를 받으시며 즐거워하시던 모습.

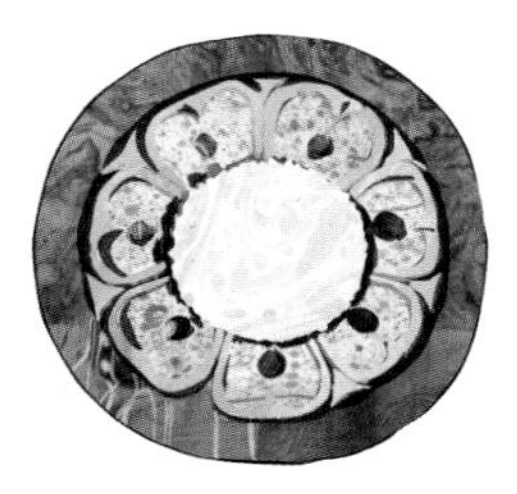

寒山華嚴
42

땅 기부를 거절하시다

1976년 4월 초파일을 지낸 후 어느 날 노부부가 스승님을 찾아오셨다. 긴하게 드릴 말씀이 있다기에 스승님 방으로 안내하고 차를 우렸다.

차를 우리며 대화를 들어보니 김해평야에 농장을 가지신 분들이었다. 이분들은 영구암 신도가 아니었는데 항상 스승님의 명성을 듣고 존경했다며 스승님께 당신들의 땅을 기증하겠으니 절을 만들었으면 좋겠다고 했다. 스승님께서는 두 분의 뜻이 참으로 거룩하다며 칭찬을 하신 후 다른 스님을 찾아서 기증하시라고 사양을 하셨다. 노부부는 스승님이 아니면 뜻을 거두겠다며 강하게 주장을 했지만 스승님은 요지부동이었다. “두 분의 땅이니 두 분이 알아서 하십시오. 저는 김해평야에 절을 지을 생각이 없으니 땅을 받을 수가 없습니다.” 이 말을 마지막으로 듣고 노부부는 내려갔다.

다시 밭일을 시작하며 내가 여쭈었다. “스님 왜 땅을 받지 않으셨습니까?” “나는 평야에 절 만드는 것이 내키지 않는구나. 어차피 나중에는 빌딩 숲이 될 것인데, 빌딩 숲에 갇히는 절이 무슨 재미가 있겠나. 땅을 처분해서 다른 곳에 절을 짓는 것은 노부부의 뜻이 아니니, 땅을 파는 것도 도리가 아니지. 그리고 이유 없이 땅을 받았다가 그 빚을 언제 또 갚게!” 말을 마치시고는 담담하게 괭이질을 하셨다.

이 일을 곁에서 지켜봤기에 뒷날 나 또한 기증

하겠다는 개인사찰과 땅을 매양 사양했다. 한 예로 1994년 강화도의 한 거사가 내가 진행하던 불교방송국 '자비의 전화'를 즐겨 듣는다며 찾아왔다. 그 이의 손에는 땅문서가 있었는데, 임야와 전답 및 대지를 포함한 2만여 평을 내게 기증하겠다는 것이었다. 나는 총무원에 가져가라며 받지를 않았다. 뒷날 이 얘기를 들은 도반들이 나를 나무랐다. "아, 그 땅을 팔아서 서울에 불사를 하면 되지. 스님도 참 답답해!" 그래서 내가 한마디 했다. "그이는 그 땅에 절을 만들라는 뜻인데, 그 땅을 팔아서 불사를 해? 이런 도둑 심보들 봤나!"

▣ 스승님께서 손수 신어산에 복원하신 동림사를
영구암에서 망원줌렌즈로 촬영한 것.
(2013년 10월 29일 촬영.)

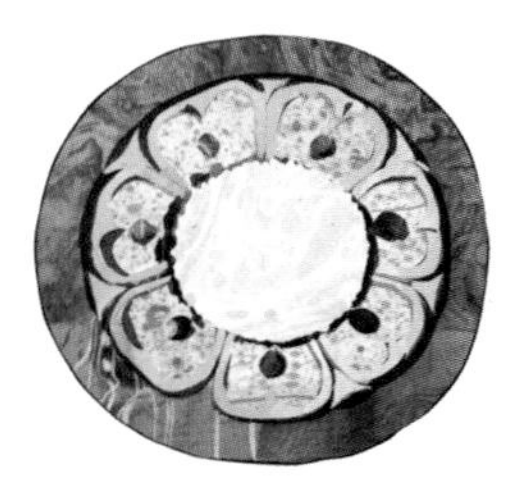

寒山華嚴

43

무쇠상자가 사라지다

1976년 폭풍이 몰아치듯 초파일 행사와 여러 일들이 쏜살같이 지나갔고, 앞서 얘기했던 단식의 기간도 지나서 어느덧 신어산에 녹음이 우거진 여름이 되었다. 밭에는 봄에 파종했던 감자도 잘 자라고 있었다. 내가 출가하던 날 스승님께서 김해시장에서 한 말을 사셔서 내게 짊어지고 올라가라고 하셨던 바로 그 감자였다. 그때 스승님께서 이렇게 말씀하셨다. “내년엔 감자 농사가 풍작일 게야!”

6월 하순 스승님과 감자를 캐던 어느 날 산자락의 야생화가 천하절색의 미녀처럼 보였다. 뿐만 아니라 이전에는 거의 듣지 못했던 산새들의 아주 멋진 노래도 종일 들리는 것이 아닌가. 그리고 밭에서 마지막 감자를 짊어지고 마당으로 올라왔을 때, 내 눈에는 신어산과 김해 벌판을 붉게 태우는 노을이 가득 들어왔다. 그 순간 나를 가두고 있던 그 모양 없는 무쇠상자가 사라졌음을 알아차렸다.

이전에도 분명 꽃은 피었을 것이며 산새들도 노래했을 것이다. 김해벌판을 물들이는 붉은 노을은 거의 매일 신어산을 물들이고 있었을 것이었다. 하지만 무쇠상자에 갇혀있던 내게는 상관없는 것이었을 뿐이었고, 아름답지도 기쁘지도 않았던 것이다.

감자를 짊어진 채 노을을 즐기고 있던 내 등 뒤에 어느 틈에 스승님께서 호미를 챙겨서 올라와 계셨다. 스승님께서 조용히 한 말씀 하셨다. "어떤가! 내가 감자 농사 잘될 거라고 하지 않던가." 그러고는 호탕하게 껄껄 웃으셨다. 나는 바로 마당에서 큰절을 올렸다.

▣ 신어산에서 맞는 저녁노을. 영구암에 있을 때는 눈과 비 오는 날이 아니면 거의 매일 이런 노을을 볼 수 있었다. 하지만 무쇠상자가 사라진 뒤에야 아름다운 모습으로 내 눈에 들어왔다.

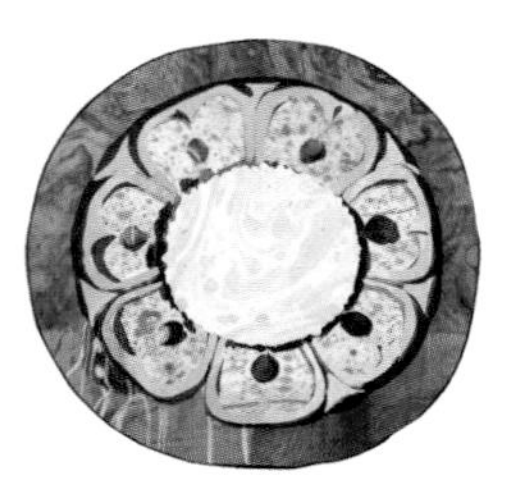

寒山華嚴

44

《중관사상》을 주심

감자 수확을 마친 그 다음날 스승님께서는 당신의 서가에 꽂혀 있던 책 한 권을 내게 주시며 말씀하셨다. "이제 이 책을 봐도 될 게야!" 받아보니 《중관사상(中觀思想)》으로, 1973년 동국역경원(東國譯經院)에서 〈불교사상논총(佛敎思想論叢) I〉로 간행한 것이었다.

《중관사상》에는 용수 보살이 지은 (1)『중론(中論)』 (2)『십이문론(十二門론)』 (7)『일수로가론(壹輪盧迦論)』 (8)『대승파유론(大乘破有論)』 (9)『육십송여리론(六十頌如理論)』 (10)『대승이십송론(大乘二十頌論)』, 제바 보살이 지은 (3)『백론(百論)』 (4)『광백론(廣百論)』 (6)『백자론(百字論)』, 호법 보살이 지은 (5)『대승광백론석론(大乘廣百論釋論)』, 제바라 보살이 지은 (11)『대장부론(大丈夫論)』의 11가지 논(論)

▣ 1973년 동국역경원에서 간행한 《중관사상》. 동국역경원에서 선물로 받으신 것을 다시 내게 주신 것이다.

을 모아 놓았다. 한역본과 한글번역본이 같이 있는 것이었다.

《중관사상》은 용수 보살(龍樹菩薩) 즉 인도의 나아가아르주나(Nāgārjuna, AD 150?~250?) 스님으로부터 비롯되는 소위 중관학파(中觀學派-마드야미까madhyamika)의 대표적 저술을 모아놓은 것이라고 할 수 있다. 중관학파는 유식학파(唯識學派)와 더불어 인도 대승불교를 대표하는 학파이다. (자세한 설명은 너무 복잡한 관계로 생략함)

여기에서 중심은 용수 보살이 지은 『중론(中論)』으로, 그 핵심 사상을 게송에서 살펴보자.

중인연생법(衆因緣生法)
아설즉시무(我說即是無)
역위시가명(亦為是假名)
역시중도의(亦是中道義)

미증유일법(未曾有一法)
부종인연생(不從因緣生)
시고일체법(是故一切法)
무불시공자(無不是空者)

여러 원인(因)과 조건(緣)으로 생기는 존재(法),
나는 곧 이것을 없다(無=空)고도 말하고,
다시 이것을 임시 설명(假名)이라고도 말하며,
또한 이것을 중도(中道)의 이치라고도 말한다.
일찍이 단 하나의 존재(法)라 할지라도
원인과 조건을 따라 생겨나지 않은 것이 없다.
이러한 까닭으로 세상의 모든 존재들은
공하지 않은 것이 하나도 없는 것이다.
〈이상 관전도품 제23〉

이것을 흔히 팔부중도(八不中道)라고 일컬어지는 게송으로 연결해 보자.

불생역불멸(不生亦不滅)
부단역불상(不斷亦不常)
불일역불이(不一亦不異)
불래역불거(不來亦不去)

나지도 않고 또한 멸하지도 않으며,
끊어지지도 않고 또한 영원하지도 않으며,
동일하지도 않고 또한 다르지도 않으며,
오지도 않고 또한 가지도 않는다.
〈이상 관인연품 제1〉

아주 간략하게 요약하자면 용수 보살은 부처님께서 설명하신 연기설(緣起說)을 공(空=無)의 입장에서 밝혀 모든 편견으로부터 벗어나게 하고, 부처님께서 역설하신 중도의 참뜻을 되살림으로 해서 모든 이들을 괴로움(苦)으로부터 해탈케 하여 열반의 경지로 나아가게 하려고 했다.

그러므로 누군가 중관사상에 통달한다면 그의 삶은 어디에도 걸리지 않고 자유자재할 것이다.

스승님께서 그동안 주시지 않았던 이 책을 비로소 내게 주신 것은 내가 사로잡혔던 관념의 벽을 완전히 허물어버리기를 기다려서 이젠 알 만하다고 생각하시어 주신 듯했다.

한 달쯤 지났을 때 스승님께서는 차를 마시며 말씀하셨다. "책은 다 보셨는가?" 내가 답했다. "스승님 모습은 예나 지금이나 한결같으십니다." 스승님께서 껄껄 웃으시며 말씀하셨다. "오늘 차는 향도 좋고 맛도 깊으이."

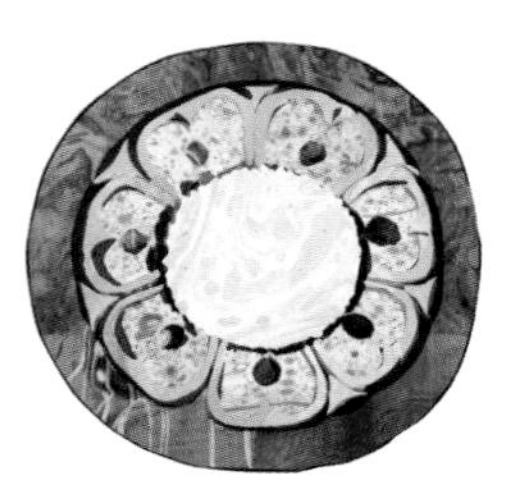

寒山華嚴
45

산짐승과의 동행

▣ 산신탱화에는 항상 호랑이가 같이 있다.
개화사의 산신목탱. 조선조 작품으로
나무 통판에 돋을새김으로 처리하였고
석채(石彩)를 입혔다.

1976년 한여름 어느 날, 부산 나아란다 청년회의 후배들이 영구암을 찾아왔다. 사정이 생겨 학생회와 청년회에서 당분간 법사님의 법문을 들을 수 없게 되었다며 법회를 맡아 줄 수 없냐는 것이었다. 듣자마자 곧바로 거절해 버렸다. 영구암 일하기도 바쁘니 방해하지 말고 내려가라고 냉정하게 말한 후 밭일을 시작했다. 그랬더니 밭 만드는 일을 거들며 내려가지를 않는 것이었다. 스승님께서 분위기를 파악하시고 무슨 일이냐며 후배들에게 물어보셨다. 결국 스승님께서 "딱한 사정인 듯하니, 송강수좌가 당분간 법회를 봐 주도록 하시게!" 하며 후배들의 청을 받아주셨다.

토요일이면 아침공양 설거지까지 끝내고는 부산에 가서 법회를 하고 올라오는 일이 되풀이되었다. 오후의 학생회 법회와 저녁의 청년회 법회까지 봐주고 나면, 대개 마지막 김해행 시외버스를 이용할 때가 많았다. 다시 30리도 넘는 먼 길을 걸어 신어산을 오를 때쯤이면 한밤중에서 새벽으로 넘어가기 일쑤였다.

무심히 영구암에 오르던 어느 날 한밤중 누군가가 나와 함께 걷는다는 느낌이 들었다. 강한 힘의 파장이 느껴지는 곳을 돌아보니 10여m 떨어진 숲에 환한 불빛이 두 개 보였다. 큰 짐승의 눈빛이었다. 그 눈빛은 일정한 간격으로 나를 따라왔고 영구암 바로 밑에서야 사라졌다. 어떤 때는 밤중에 일을 보기 위해 저녁기도를 마친 후 영구암에서 내려갈 때도 있었다. 그런데 그때도 영구암 바로 밑에서부터 그 눈빛은 나를 따라왔고 큰절인 은하사 바로 뒤에서 사라졌다.

지난 겨울 내가 눈 쌓인 산마루에서 밤을 새며 염불하고 내려왔던 날, 산의 정상 부분에서 나를 따라와서 시계 반대 방향으로 영구암을 한 바퀴 돌아 다시 산 정상으로 사라졌던 그 발자국의 주인공인 듯했다. 눈이 쌓인 날이면 그 발자국이 동일한 지점에 찍혀 있었기에, 우리는 매일 밤 그 발자국의 주인공이 영구암을 한 바퀴 돌아간다는 결론을 내렸다.

몇 차례 미지의 주인공과 한밤중 출타에서 동행을 한 후에 스승님께 그 사실을 말씀드렸다. 그랬더니 스승님께서는 이미 알고 계셨다는 듯 대수롭지 않게 말씀하셨다. "자네도 그걸 알았군. 함께 하는 생명이 어디 한둘이던가. 다만 보지 못하고 알지 못할 뿐이지."

▣ 1976년 처음 외운 후 40년이 지나서
해설서를 낸 『신심명(信心銘)』.

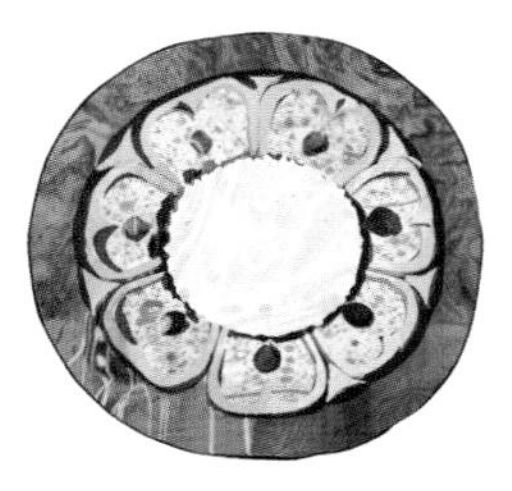

寒山華嚴

46

『신심명』 액자

신 심 명

삼조승찬대사 著

시우송강 譯解

도서출판 도반

1976년 스승님의 방에는 단정하나 힘 있는 서체로 쓴 액자가 하나 걸려 있었다. 바로 스승님의 은사(恩師–출가할 때의 스승)이자 법사(法師–깨달음의 스승)이신 동산(東山) 큰스님이 붓글씨로 쓰신 『신심명(信心銘)』이었다. 독립운동을 하시면서 불교포교의 현대화에 앞장서셨던 백용성(白龍城) 큰스님의 법제자가 바로 동산 큰스님이신데, 내게는 할아버지스님 즉 노스님이 되신다. 그러니까 법맥을 따지자면 용성(龍城)–동산(東山)–화엄(華嚴)–송강(松江)이 되는 셈이다.

『신심명(信心銘)』은 달마 대사와 혜가 대사의 뒤를 이어 중국선종의 제3대 조사가 되신 승찬(僧璨) 대사께서 마음으로 읊으신 해탈의 노래이다. 삼조승찬(三祖僧璨) 대사는 40대까지 문둥병으로 고생하셨다. 당시로서는 나을 수 없는 하늘의 형벌(天刑)이라는 이 병을 앓으면서 사람대접을 받지도 못하며 유랑 걸식하였다. 그러니 그 괴로움이 어떠

했겠는가. 하지만 혜가 대사를 만나 참마음을 보게 된 순간 짓누르던 업장(業障)의 짐을 벗어버리고 해탈하셨으며, 불가사의하게도 문둥병까지 나으셨던 분이시다. 그리고는 깨달음의 경지를 남기신 것이 곧 『신심명』이다.

『신심명』은 이렇게 시작한다.

지도무난(至道無難) 유혐간택(唯嫌揀擇)
단막증애(但莫憎愛) 통연명백(洞然明白)

도에(道) 이르는 것은(至) 어려울 것이(難) 없다(無).
오직(唯) 가려서 선택함을(揀擇) 꺼릴 뿐이다(嫌).
다만(但) 미움과 사랑의 편견만(憎愛) 없다면(莫),
막힘없이 뚫려(洞然) 뚜렷하고 환할 것이다(明白).

대개 '지극한 도(至道)는 어렵지 않다'로 번역했으나, 나는 이 번역을 따르지 않는다.

전체 분량은 이것의 35배 정도가 되는데, 참선수행을 하는 스님들은 거의 외우다시피하며 좋아하는 글이다.

그동안 스승님 방에 드나들면서 매일 한두 번은 액자의 글을 읽었다. 하지만 무쇠상자에 갇혀 있을 때까지는 이 글의 내용이 확연하게 들어오질 않았었다. 그런데 무쇠상자가 사라지자 이 『신심명』의 내용이 분명하게 보였다. 내용의 핵심이라고 할 수 있는 처음 네 구절에서 나는 스승님의 모습을 보게 되었다. 스승님은 늘 걸림 없이 자재하셨고 호호탕탕(浩浩蕩蕩)하셨다. 그런데 묘하게도 스승님을 곁에게 지켜보는 이들은 모두 자기의 생각에 걸려 있어서, 스승님의 참모습을 보지 못하였다.

▣ 왼쪽은 중국 광동성 남화선사에 모셔져 있는 육조 혜능선사의 진신이고, 오른쪽은 1975년 탄허 큰스님께서 현토 번역한 육조단경.

寒山華嚴

47

『육조단경』을 주심

1976년 초가을 스승님께서는 《중관사상》에 이어 또 한 권의 책을 주셨다. 바로 중국 선종(禪宗)의 제6대 조사이신 육조 혜능 선사(六祖慧能禪師)의 법문집인 『육조단경(六祖壇經)』이었다. 선종에서의 조사(祖師)란 깨달음의 핵심을 전수받은 큰 스님들을 일컫는 존칭으로 절대적인 존경을 받는 분이다. 물론 조사로 존칭되는 이들 외에도 깨달은 분들은 무수히 많다. 중국선종의 육조란 달마 조사–혜가 대사–승찬 대사–도신 대사–홍인 대사–혜능 대사의 계보를 말한다. 중국의 선종 전적(典籍) 중에는 제5조 홍인대사의 대표적인 법제자를 10명으로 밝히고, 심지어 다른 스님이 수제자라고 밝히고도 있다. 그러나 현재의 우리나라에서는 혜능 대사를 불변의 육조로 확신하고 있는 편이다. 사실 후대의 중국선종을 보면 거의 혜능 대사의 법제자들과 그 법맥으로 이어지고 있다.

『육조단경(六祖壇經)』은 고등학교 시절 대각사

앞의 불서보급사에서 즐겨 봤던 것이었다. 스승님께서 주신 것은 탄허 큰스님의 번역이었다. 단경의 내용은 고등학교 때 탄허 큰스님을 모시고 일요일마다 공부할 때 자주 들었던 내용이기도 하다. 스승님으로부터 받은 본(本)은 1975년에 법공양판(판매하지 않고 선물하는 용도)으로 나온 것이었으니, 스승님께서는 받아서 읽어보고는 바로 내게 주신 것이었다.

영구암에서 다시 보게 된 『육조단경(六祖壇經)』은 이전보다 훨씬 선명하게 다가왔는데, 그중에서 각인되다시피 한 내용은 두 가지였다.

첫 번째는 '본래 한 물건도 없나니, 어느 곳에 티끌 먼지 낄까 보냐(본래무일물本來無一物 하처야진애何處惹塵埃)' 하는 게송이다. 특히 본래무일물(本來無一物)이라는 구절을 접하는 순간의 그 시원함은 말로 표현할 수 없다.

두 번째는 '마음이 어리석으면 법화가 굴리고, 마

음이 깨달음의 상태이면 법화를 굴린다(심미법화전 心迷法華轉 심오전법화 心悟轉法華)'라는 게송이었다. 어리석은 사람은 학문을 하건 사업을 하건 거기에 끌려다니지만, 깨달은 사람은 세상의 모든 것을 자재하게 활용한다는 뜻이다. 이 구절은 만나면서 내가 왜 이전에 도깨비놀음(깨닫지도 못했으면서 깨달았다고 착각하여 설친 행위)을 했으며, 어째서 무쇠상자에 갇힐 수밖에 없었는지를 분명하게 알 수 있었다.

스승님께서 『육조단경(六祖壇經)』을 주신 것은, 내가 바로 이 세상의 주인공임을 깨닫게 하기 위함이었던 것이었다.

스승님께서는 달포 뒤에 차를 드시면서 다시 물으셨다. "단경은 다 봤는가?" 내가 답했다. "다시는 속지 않겠습니다." 스승님께서 껄껄 웃으시면서 말씀하셨다. "육조 대사의 그림자는 본 모양이로군!"

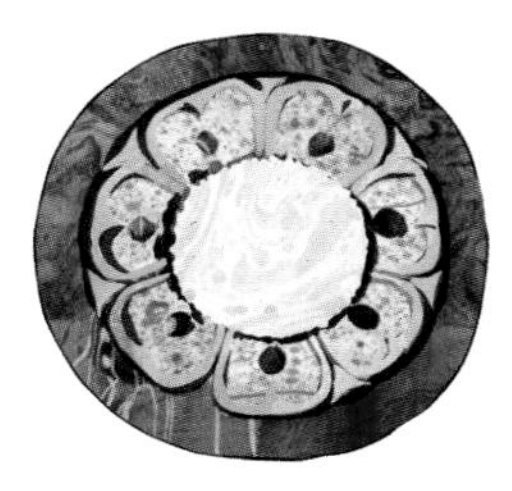

寒山華嚴
48

『능엄경』을 주심

1977년 초 영구암에서 맞이한 두 번째 겨울에 스승님께서는 세 번째 경을 주셨다. 『세종왕조국역장경 능엄경(世宗王朝國譯藏經 楞嚴經)』이었다. 세종대왕 때 번역한 목판본(木版本) 전10권을 영인(影印)하여 양장본으로 묶은 것인데, 1974년 해인총림 승가학원에서 발행하였다. 비매품으로 만들어 어른 스님들께 법공양으로 드린 것이었다. 경을 주시면서 스승님께서는 다음과 같이 말씀하셨다. "이 경을 끝까지 무탈하게 독파할 수 있으면 내 더 이상 잔소리를 하지 않겠네!"

두 번째 겨울은 이전에 비해서 훨씬 한가로웠다. 밭 만드는 작업을 비롯해 급한 불사들도 거의 정리 되었으며, 땔감 준비도 미리 넉넉하게 해 두었기 때문이었다. 스승님께서는 동림사를 복원하기 위한 방향을 두 가지로 정하신 듯했다. 낮에는 주로 지장기도를 하셨고, 밤에는 선서화(禪書畵)를 연마하셨다. 선서화로 불사에 드는 비용을 만드실 생각을 하신 듯했다. 이에 따라 나도 시간적인 여유가 많아졌다. 나는 정해진 일과와 기도 시간을 제외하고는 『능엄경』을 파고들었다.

『능엄경』의 본 이름은 『대불정여래밀인수증요의제보살만행수능엄경(大佛頂如來密因修證了義諸菩薩萬行首楞嚴經)』으로 '위대한 깨달음을 이룬 부처님이 되기 위한 보살들의 완벽하고 견고한 일체의 수행법을 설명한 가르침'이라는 뜻이다. 이 경은 옛

날 인도의 가장 뛰어난 스님들과 전 세계 유학승들이 전문적으로 공부하던 대학인 나란타사(那爛陀寺-Nālandā 사원)에서 비밀리에 전수되던 것으로, 외부유출을 금한 수행지침서였다고 한다. 중국에는 당 중종 신룡 1년(705), 반자밀제(般刺密帝)스님이 범본(梵本)을 가져와 최초로 한역하였다.

경은 크게 다섯 부분으로 구성되었다. (1)우리의 몸과 마음작용이 임시적인 것임을 밝히고, 우리가 성불할 수 있는 여래의 성품이 참마음임을 밝힌 견도분(見道分-도를 보는 장). (2)도를 닦는 과정을 통해 번뇌를 끊고 참마음을 깨달아 열반에 들기를 권하는 수도분(修道分-도를 닦는 장). (3)도를 깨닫는 여러 단계를 거쳐 드디어 성불하게 됨을 밝힌 증과분(證果分-도 깨닫는 과정의 장). (4)경을 끝맺으면서 아울러 중생들이 윤회하는 일곱 세계가 생기는 까닭을 밝힌 결경분(結經分-경을 맺는 장). (5)수행자가 수도 과정에서 겪는 50가지 장애와 그

것을 극복하는 방법에 대해 설명한 조도분(助道分-수행을 돕는 장).

마지막 조도분은 흔히 '50변마장(50가지 장애를 밝히는 부분)'이라고도 하는데, 불교를 수행하는 사람은 반드시 이 부분을 자세히 살필 필요가 있다. 불교공부를 하면서 참선이건 염불이건 교학이건 간에 수많은 착각이 생긴다. 처음엔 얼토당토않은 착각을 하고, 수행력이 커지면서는 점차 미세한 착각에 빠진다. 이 착각은 여러 가지로 나타나는데, 대부분 몸과 정신작용인 오온(五蘊)에 의한 것이다. 즉 몸(色), 감수작용(受), 표상작용(想), 의지작용(行), 인식작용(識)에 망상이 함께해서 착각을 일으켜 수행을 방해하는 것이다.

독서 등을 통해 불교를 혼자서 공부한 사람이나 수행 없이 이론만을 연구한 사람, 수행에서 생기는 작은 결과에 집착하는 사람들을 보면 대부분 50가지 함정에 떨어져 있다고 해도 과언이 아니다. 특히 경전이나 어록 및 율장의 구절을 들먹이며 다른 사람을 비난하고 시비나 일삼는 사람은 아만이나 편견 등의 큰 착각에 빠져 있는 사람들로, '50변마장'에서 크게 경계하는 마장(魔障)일 뿐임을 알아야 한다. 불교공부는 밖으로 향하는 것이 아니다. 항상 자신을 밝게 살피는 것이다. 그러니 밖으로 시비할 겨를이 없다. 아무리 근사한 얘기라도 부처님 깨달음에서 벗어났다면 그를 외도(外道)라고 하는 것이다. 경을 다 독파했을 때 내가 10대와 20대 초에 불교 지식만으로 천방지축 엉터리 도사 노릇을 한 까닭과 그 보잘 것 없는 경지를 확연히 알 수 있었다.

한겨울 눈 내린 날 차를 마시면서 스승님께서 말씀하셨다. "어째 내가 잔소리하지 않아도 되겠는가?" 내가 답했다. "스승님께서는 단 한 번도 잔소리를 하신 적이 없습니다." 그러자 스승님께서 빙긋 웃으시며 말씀하셨다. "그러면 내가 찻값을 받을 수 없지 않는가!"

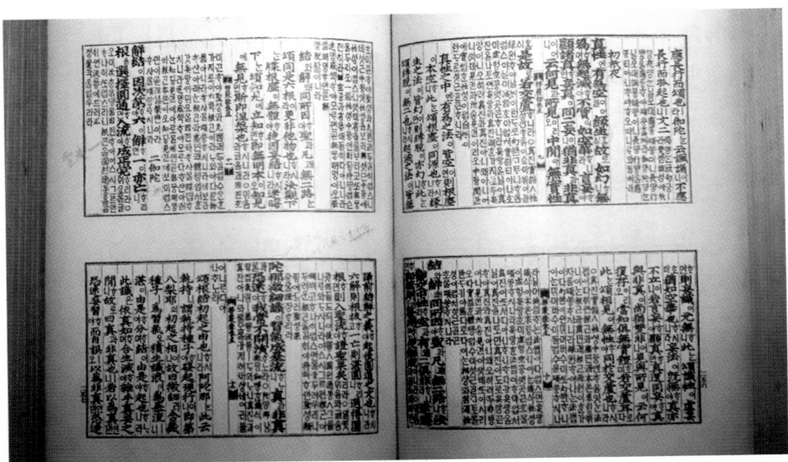

▣ 스승님으로부터 세 번째로 받은 경. 1974년 해인총림승가학원에서 발행한 『세종왕조국역장경 능엄경(世宗王朝國譯藏經 楞嚴經)』. 한글 고어(古語)에 익숙하지 않으면 읽기 어렵다.

▣ 능엄경을 교재로 사용했다는 인도 나란타사(나아란다 사원) 유적
(2017년 2월 17일 촬영).

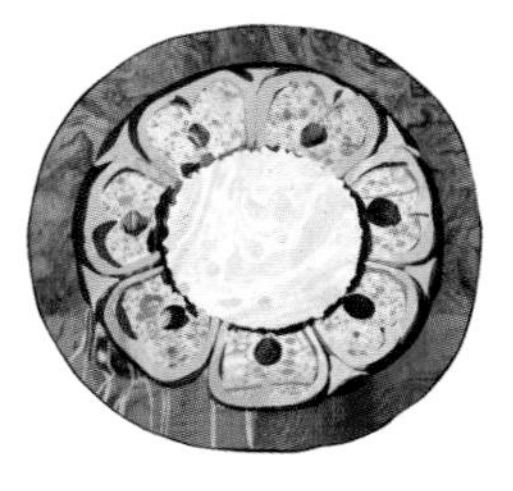

寒山華嚴
49

오대산 적멸보궁 사리

1977년 이른 봄 오후 영구암 뒷산 서쪽의 화마가 휩쓸고 간 자리에서 나무 한 짐을 해 놓고, 스승님과 김해 벌판을 내려다보며 한담을 나누던 차에 젊은 시절 수행하시던 얘길 들려 주셨다.

「젊은 시절 오대산 상원사 선원에서 안거를 할 때였지. 한철 정진이 끝날 때쯤 7일간 용맹정진에 들어갔는데 나는 중대(中臺) 적멸보궁에서 7일간 잠자지도 먹지도 않고 기도를 하기로 했어. 대중들의 승낙을 받고 단식기도를 했는데, 마지막쯤엔 많이 힘들더구먼. 죽을힘을 다해 마지막 칠일째까지 잘 버텼는데, 그게 삼매였는지 졸았는지 희한한 영상을 보았어. 내 눈앞에 깊이를 알 수 없는 오래된 우물이 나타나더니 그 속에서 부처님의 머리만 떠오르더란 말이지. 그래 예를 갖춰 삼배를 올리고

▣ 왼쪽은 오대산 중대 적멸보궁 전면.
▣ 오른쪽은 적멸보궁 뒤에 있는 작은 비석.

난 뒤 눈을 떴어. 아마도 중대 적멸보궁에 모셔진 사리는 정골사리(頂骨舍利)일 게야. 그리고 사리는 적멸보궁 아래 아주 깊이 묻어 모신 게 틀림없어.」

오대산(五臺山) 가운데 중앙에 위치한다는 중대(中臺) 적멸보궁(寂滅寶宮)은 영험 있는 곳으로 유명하다. 특히 아무도 모셔진 사리가 어디에 있는지도 모르고 사리를 본 사람도 없다. 일제강점기 때 중대 인근을 무수히 조사했지만 결국 사리를 찾지 못했다고 한다.

나도 오대산 중대 적멸보궁을 수차례 참배하고 기도를 드렸지만, 스승님과 같은 현몽은 받지 못했다. 하긴 먹지도 잠자지도 않고 7일간 기도를 하신 스승님과 비교하는 자체가 잘못이다.

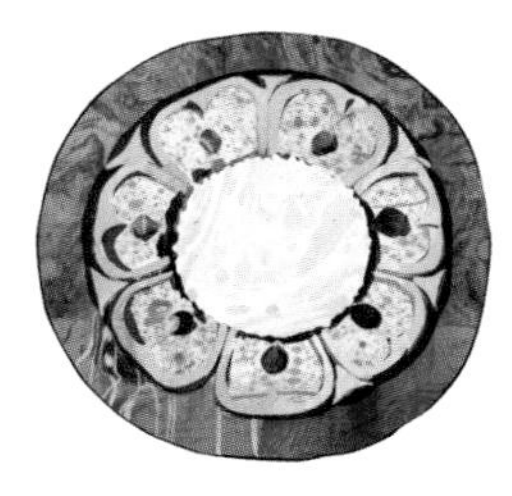

寒山華嚴
50

대중공양 때의 눈물

1977년 여름 범어사에 계시던 사숙님이 영구암에 오셔서 하룻밤을 머무시게 되었는데, 스승님께서 출타하셨기에 내가 시중을 들어드리게 되었다. 그때 사숙님께서 내게 들려주신 얘기이다.

「화엄 사형님은 특별한 분이야. 아주 젊은 시절이었지. 그때가 아마도 사형님이 범어사 선원 입승(立繩-대중의 기강을 잡는 소임)을 할 때였을 거야.

그날은 신도들이 특별히 대중공양을 내던 날이었지. 평소 보리밥에 김치가 다였던 공양(供養-식사)이었는데, 대중공양으로 흰 쌀밥에 김과 미역튀김이 올라왔더란 말이지. 밥이 담긴 발우(鉢盂-스님들의 밥그릇)를 머리 위로 올리고 감사의 게송을 읊조리는 순서였는데, 갑자기 화엄 사형님이 눈물을 뚝뚝 떨어뜨렸더란 말이지. 그 모습을 보신 조실(祖室-큰 절의 최고 어른) 동산 큰스님께서 까닭을 물어보셨어. 그랬더니 화엄 사형님이 이렇게 말하더구먼. "제가 이 쌀밥을 받고 보니 공부도 부족한 제 자신이 부끄럽기도 하고 또 저 밖에 수많은 사람들이 양식이 없어 오늘도 굶을 것을 생각하니 불쌍한 생각이 들어 그렇습니다." 동산 조실 스님께서 이리 말씀하셨지. "오늘 이 밥을 먹을 자격이 있는 사람은 화엄 수좌 한 사람밖에 없다."

참 그날 공양시간은 숙연했지.」

1960년대와 1970년대의 사찰 살림은 하루 두 끼를 겨우 해결하던 시절이었다. 그러니 밥과 국에 반찬 세 가지면 진수성찬이었다. 나도 이때의 생활이 몸에 배어서 지금도 대부분 1식 3찬의 공양(식사)을 한다.

최근에 사찰음식이라는 이름으로 다양한 음식이 소개되는 것을 볼 수 있는데, 거의 대부분의 비구(比丘-남자 스님)들에게는 소개된 음식 90%가 생소할 것이다. 어쩌면 특별한 행사 때나 선보이던 것이 아닐까 짐작할 따름이다.

▣ 스승님 입적 제15주기 추모 다례법회에서
공양이 완성된 상태의 재단(齋壇).
(2016년 10월 25일 개화사 무량수전에서 촬영.)

▣ 추모 다례 때 올린 발우공양, 말차, 떡과 과일 및 꽃. 이외에 초와 향을 포함한 여섯 가지 공양(초, 향, 차, 음식, 꽃, 과일)을 올림.

寒山華嚴
51

영구암을 떠남

영구암에서 스승님을 모신 지 삼 년이 되던 1978년 초파일을 봉행한 다음날 스승님께 하직 인사를 올렸다. 해인사 선원으로 가기 위함이었다. 떠날 시기가 다가오자 스승님께서는 수차례에 걸쳐서 선원(禪院)에만 도(道)가 있는 것이 아니라는 말씀을 하셨다. 그때 나는 이렇게 말씀드렸다. "스승님이 계신 이곳이 최상의 도량임을 확인해 보고 싶어 떠나는 것입니다."

스승님께서 아침공양을 끝내시자 나는 차를 달여 올렸다. 하지만 스승님은 그날따라 한 말씀도 하지 않으셨다. 심지어 하직 인사를 드리고 일어날 때까지도 말씀이 없으셨다. 그저 고개 두어 번 끄덕이신 것이 내게 보여주신 모습의 전부였다.

방에서 움쩍도 않으시던 그 모습을 뒤로하고는 빠르게 영구암을 내려갔다. 해가 지기 전까지 해인사에 도착하려면 서둘러야 했던 것이다. 김해에서 가장 가까운 부산의 구포역으로 가서 기차를 탔고, 동대구역에 내려서는 서부 시외버스정류장으로 가서 버스를 타고 해인사로 갔다. 해인사에 도착하여 선원에 방부(房付-그곳에서 머물며 수행할 수 있기를 청하는 일)를 드리러 왔다고 지객(知客) 스님께 말씀 드리고 방부원서를 썼다.

이틀을 객실(客室-본방 대중이 아닌 스님이 임시로 머무는 처소)에서 보낸 후 큰방인 궁현당(窮玄堂)에서 공양이 끝난 뒤 큰스님을 비롯한 대중들에게 삼배로 인사를 드렸다. 그리고는 "법명은 송강입니다. 본사는 범어사며, 은사 스님은 화(華)자 엄(嚴)자를 쓰십니다."고 소개를 올렸다. 그러자 큰스님께서 "화엄 스님의 상좌인가?" 하고 물어보신 후 고개를 끄덕이셨다.

방부가 끝나자 선원으로 바랑을 옮겼다. 당시는 대적광전과 장경각 동쪽의 건물 세 동, 아래로부터 선열당(禪悅堂), 퇴설당(堆雪堂), 조사전(祖師殿)이 선원이었다. 선열당에는 20명이 8시간 좌선, 퇴설당에는 18명이 10시간 좌선, 조사전에는 10명이 시간제한 없이 정진하기로 되어 있었다.

나는 퇴설당에서 정진하겠노라고 요청을 했다. 결제하기 전날 퇴설당 대중회의를 했는데, 해제하면 바로 군에 입대를 해야 하는 하판(수행 경력이 낮은 스님들이 앉는 자리)의 스님이 석 달간 용맹정진을 하자고 제안을 했다. 90일간 잠을 자지 않고 좌선을 하자는 것이었다. 나야 잠을 적게 자는 것에 익숙하기에 해볼 만하다고 생각되어 가만있었지만, 구참(久叅-수행을 오래한 스님)들은 뜻은 좋으나 사중(寺中)의 도움이 없이는 어려운 일이라며 만류를 하였다. 그리고 타협점을 찾은 것이 가행정진(加行精進-원래의 시간보다 더 정진하는 것)에 대좌(對坐)였다. 일반적으로 벽을 향해 서로 등지고 앉아서 좌선을 하지만, 용맹정진을 할 때처럼 서로 마주보고 좌선을 하기로 한 것이었다. 그리고는 매 시간 서로 돌아가며 경책의 번을 서기로 하였다. 만약 졸았다가는 바로 죽비로 두들겨 맞아야 하는 방법을 선택한 것이었다. 그리고 취침시간 4시간에 좌선 시간을 14시간으로 변경하였다.

정진을 시작한 지 보름쯤 지났을 무렵, 원주 스님이 내게 편지 한 통을 전해 주었다. 영구암 신도인 진해의 노보살님이 보낸 것이었다. 장문의 편지지에는 다음의 구절도 있었다. "스님께서 영구암을 내려가시던 날, 큰스님께서는 망원경을 들고 나오셔서 스님의 모습을 지켜보셨습니다. 바람이 차니 들어가시라고 해도, 스님의 모습이 벌판 저쪽으로 완전히 사라질 때까지 망원경으로 보고 또 보시며 서 계셨답니다." 자세히 보니 편지지에 눈물 자국이 있었다.

▣ 스승님 12주기 추모 다례일 이른 아침 영구암에 올라 스승님이 서 계셨던 곳에 서서 김해 벌판을 보았다. (2013년 10월 29일 함께 간 일행이 촬영.)

寒山華嚴
52

선원수좌들을 위해

1978년 해인사 퇴설당에서의 참선수행은 그 자체로서도 멋진 시간이었지만, 큰스님들과의 만남도 참 좋았다. 선원에서는 삭발하는 날이 정해져 있었는데, 삭발하는 날은 자유정진이었다. 자유정진 시에는 해인사 산내암자의 어른 스님들을 만나는 날이기도 했다. 백련암의 성철 큰스님은 우리가 올라가면 어린애처럼 장난도 치시곤 했는데, 일반 신자들로서는 상상이 잘되지 않는 상황일 것이다.

▣ 점심 공양 후 포행 때마다 들렀던 해인사 석불. 포행 때 우연히 따라왔던 해인사 지정 사진사가 도반들과 함께 촬영해서 준 것. 1978년 여름.

해인사 큰절에서 백련암으로 올라가는 길에는 희랑조사가 정진하던 곳에 세운 암자인 희랑대(希朗臺)가 있고, 좀 더 올라가면 지족암(知足庵)이 있다. 지족암에는 해인사의 대율사(大律師)셨던 일타(日陀) 큰스님이 계셨기에 자주 들려 차를 마시며 얘기를 나누곤 했다. 어느 날 내가 스승님의 상좌라는 것을 아시고는 기도로 총탄의 파편을 뽑은 얘기도 하셨고, 또 다른 얘기도 해 주셨다. 다음은 일타 큰스님으로부터 들었던 일화이다.

「화엄 스님은 그릇이 남달랐지. 내가 직접 목격한 것은 아니지만 하도 유명한 일화라서 화엄당에게 직접 확인까지 한 얘기가 있어.

아마도 1960년대 초의 일이었을걸. 그때만 해도 전국 사찰은 먹을 양식도 없던 때였지. 범어사는 동산 큰스님이 계셔서 좀 나은 편이었지만 전쟁까지 겪은 뒤라 넉넉하지가 못했지. 아침은 죽으로 때우고 점심은 보리밥을 먹고는 저녁은 굶어야 했어. 오후불식(午後不食)이라고 수행정신으로 견디긴 했지만, 젊은 수좌들에겐 견디기 힘든 상황이었지. 그래 수좌들은 차가운 배를 따뜻하게 하기 위해 낡은 기와를 구어 천에 싸서 배에 두르기도 했는데, 그걸 약석(藥石)이라고 했지.

화엄 스님이 그때 선원의 선원장이었나 그랬을걸. 안거(安居)가 두 달을 넘어서자 젊은 수좌들이 영양도 부족하고 기운이 빠져서 졸기 일쑤였던가봐. 보다 못한 화엄 스님이 특단의 조치를 취했대. 수행하는 스님들을 위해 대중공양을 내겠다고 희망하는 신도들에게 특별한 부탁을 한 게지. 범어사 선원 뒤에는 큰 대밭이 있는데, 적당한 장소에 큰 가마솥을 걸고 쇠고기를 사 와서 국을 끓이라고 한 거지. 그리고는 수좌들을 모두 데려가서 실컷 먹인 후에 이렇게 말했다는군. “오늘 일에 허물이 있다면 내가 모두 그 과보를 받을 것이니, 스님들은 남은 기간 동안 열심히 정진하여 멋진 안거가 되도록 하시오."

그런데 범어사에서 이 일을 문제 삼는 스님들이 있었지. 그이들은 범어사 조실(祖室)이시며 대율사(大律師)인 동산(東山) 큰스님을 찾아가서 화엄 스님에게 벌을 내려야 한다고 따졌지. 그런데 동산 큰스님은 그러셨다는구먼. "화엄 수좌는 사자새끼야. 여우 같은 짓 그만두고 자네들 할 일이나 잘하소!"」

내가 일타 큰스님께 여쭈었다. "스님께서는 그 일을 어찌 생각하십니까?" "쇠고기 국 끓여 먹은 일이 문제될 게 있나? 약으로 먹은 것인데…" "스님께서는 율사(律師)시지 않습니까?" "에이 수좌도 참, 율사는 무슨 율사. 선사(禪師)라고 한다면 모를까."

▣ 칠장사(七長寺) 목어(木魚). 물에 사는 생명을 제도하기 위해 나무로 고기 모양을 만들어 예불 드리기 전에 소리를 내도록 한 것이 목어(木魚)임.

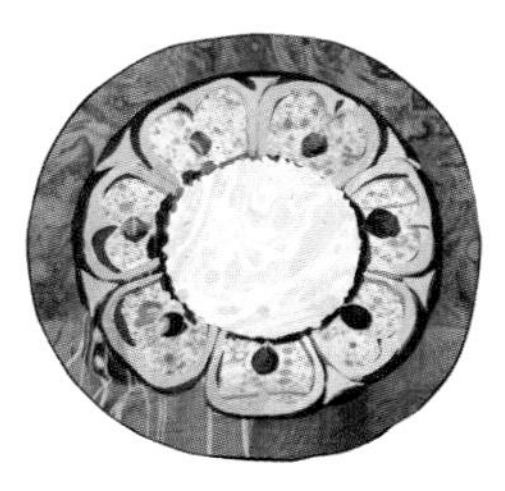

寒山華嚴

53

물고기 방생

1978년 해인사 퇴설당에서의 여름 안거를 마치고 영구암에 돌아와 안거 중에 있었던 이런저런 얘기를 나누던 차에, 스승님께서 방생에 같이 가겠냐고 물으셨다.

"아니 스승님께서는 물고기 방생 같은 건 하지 않으시잖습니까?"

"부산의 거사들이 와서 방생법회 때 법문을 해달라고 요청하기에 예사로 생각하고 허락을 했더니 대대적인 행사로 준비를 했나 보네."

"스승님께서 가신다니 모시고 가겠습니다."

행사를 하는 날이 되어 스승님을 모시고 부산역 광장에 갔더니 관광버스가 20대 가까이 준비되어 있었고, 물통마다 미꾸라지가 가득 들어 있었다. 방생을 할 장소는 경주의 덕동댐이었다. 그런데 미꾸라지를 담은 통을 광광버스 짐 싣는 곳에 넣는데 산소 공급장치가 없었다. 주최 측에 문제를 제기했더니 괜찮을 거라는 말만 되풀이 했다.

한낮이 되어 경주 덕동댐에 도착하자마자 나는 미꾸라지 담긴 통부터 확인했다. 결과는 내가 염려했던 대로였다. 미꾸라지는 반 이상이 이미 죽어 있었다. 나는 스승님을 돌아보면서 말씀드렸다. “스승님의 법력으로 이미 미꾸라지 반은 해탈시켰습니다.” 스승님께서는 미꾸라지 통을 보시면서 말씀하셨다. “그러게 말일세! 내가 부질없는 일을 한 게야!” 죽은 미꾸라지를 건져내면서 내가 말했다. “부디 큰스님의 법력으로 생사윤회를 벗어라!” 스승님께서는 방생의식에 온 정성을 쏟으셨다.

돌아오는 길에 스승님께서 말씀하셨다. “내 다시는 물고기 방생 따위는 하지 않겠네!” 나도 스승님께 약속을 했다. “저도 이런 종류의 물고기 방생 따위는 하지 않겠습니다.”

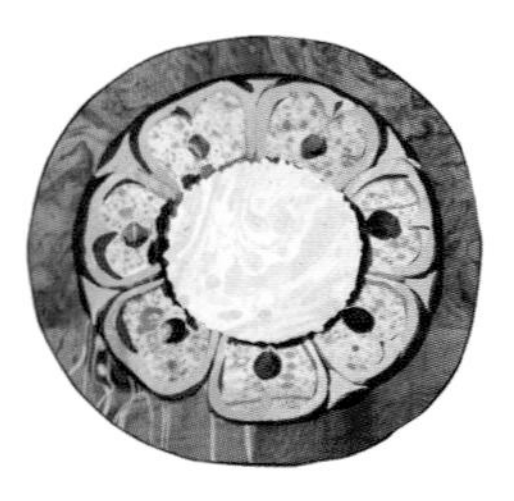

寒山華嚴

54

사리 친견

1978년 여름은 선산 도리사 부처님 진신사리(眞身舍利-다비, 화장 후에 나온 영롱한 구슬 같은 유골) 친견으로 온 나라가 시끄러울 지경이었다. 영구암 신도들에게도 그 바람이 불었다. 해제철에 스승님을 모시고 있는데 부산에서 신도 세 사람이 올라와서 스승님께 사리 친견을 하러 가자고 청했다. 스승님께서는 이미 많은 사리를 친견했다고 하시면서 거절하셨는데, 사리 영험담을 얘기해 주십사는 신도들의 청은 들어주셨다. 그리고는 사자산 법흥사에서 경험하신 다음 얘기를 해 주셨다.

「아주 오래전 그러니까 1950년대 말쯤이었지. 5대 적멸보궁 가운데 하나인 사자산 법흥사 선방에서 여름 안거를 날 때였지. 어느 날 주지 스님과 선객들이 점심 공양 후에 차를 마시다가 사리의 영험

▣ 건봉사에 모셔진 부처님 치아사리.
(사리 친견법회 중에 촬영한 것. 1987년.)

에 대해 얘길 하게 되었더란 말이지. 의견은 반반으로 나뉘어서 불가사의하다는 스님들과 과대 포장된 얘기가 많다는 스님들로 나뉘었지. 그땐 어떤 연유에서인지 사리가 주지 스님 금고에 보관되어 있을 때였어. 얘기가 길어지면서 사리를 직접 친견하는 것으로 결론이 나서 조심스럽게 사리를 금고에서 모셔내어 친견케 되었는데 그 영롱함이 압도적이었지.

그런데 참선 수행하는 선객(禪客) 가운데는 진실을 알고 싶어 하는 의욕이 넘치는 이가 있거든. 그때도 한 선객이 사리의 영험을 직접 시험해 보자고 하면서 망치로 내리쳐 보자는 의견을 말했어. 주지 스님은 큰일 날 소리 하지도 말라고 하면서 사리를 금고에 다시 넣으려고 했지만, 이미 대중들도 거기에 동조하고 있었지 뭐야. 결국 딱딱한 돌 위에 사리를 놓고 의견을 말한 스님이 망치로 내리쳤지. 그런데 그 순간 사리가 사라져버린 게야. 그 자리에 있던 스님들이 방을 몇 번이고 쓸면서 찾아보았지만 사리는 찾을 수 없었지. 결국 주지 스님은 그날 밤부터 철야 용맹기도를 하기로 했지. 선객들도 책임이 있는지라 모두 동참했어. 그렇게 잠자지 않고 용맹기도를 하길 칠일째가 되던 밤이었어. 밤중에 마을사람들이 건너편 산에 불이 났다고 법흥사로 올라온 게야. 그래 가만 살펴보니 산불은 아니고 서치라이트의 불빛 같은 것이 허공으로 뻗고 있었어. 흔히 방광(放光)이라고 하는 현상이지. 대중들이 모두 등불을 들고 건넛산으로 갔는데, 거참 묘하더구먼. 사리가 휘어진 풀잎 위에 있는데, 눈부신 빛을 쏟아내는 게야. 우리가 그 자리에서 삼배를 올리고 사리함에 모시자 비로소 빛을 거두셨지.」

스승님으로부터 얘기를 들은 신도들은 더욱 사리 친견을 하고 싶다며 나에게 같이 가자고 하기에 내가 좀 건방진 얘길 했다. "나는 아직 내 사리도 찾질 못했으니 남의 사리 보러 갈 시간 없습니다. 보살님들끼리 다녀오시지요."

이 건방진 얘기를 한 인연 때문인지, 1987~1988년 전국 불자들을 상대로 한 불교방송 건립기금 마련 부처님 치아사리 친견법회를 책임지게 되었고, 조계종 총무원 책임 국장으로서 2년여 기간 동안 부처님 치아사리를 모시고 다니며 내 손으로 모셔내고 모셔 들이고 했다.

치아사리는 원래의 장소인 건봉사에 다시 모셨다.

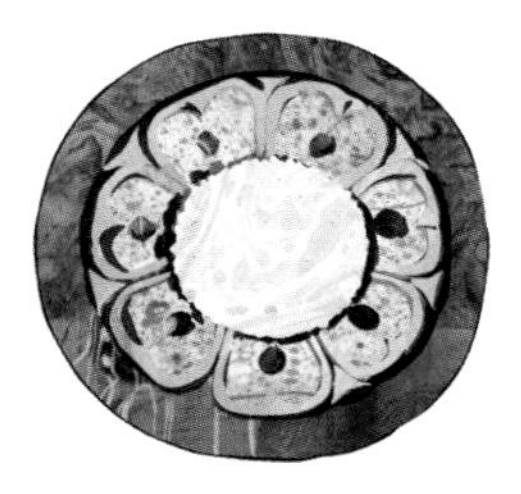

寒山華嚴
55

전문강원 입방

1978년 가을 범어사 선원에 방부를 들이려 유나(維那)이신 성오 사숙님을 뵙고 허락을 받은 뒤 일주문을 나서는데 도반 스님들이 올라왔다. 오랜만이라며 차나 한잔 하자기에 범어사 불교전문강원(佛敎專門講院－현 僧伽大學)의 강주(講主－학장) 스님 방으로 갔다. 당시 강주 스님은 백운 사숙님으로 영구암에도 여러 차례 오셨던 분이셨다.

사숙님 방에서 차를 몇 잔 마시던 중에 느닷없이 도반들이 같이 강원을 졸업하자는 얘기를 꺼냈다. 나는 선방에서 화두 참구하는데 뜻이 있다고 밝혔지만 도반들은 막무가내였다. 듣고 계시던 백운 사숙님도 이참에 강원을 졸업하라고 권하시는 바람에 결국 내 뜻을 꺾고 그리하겠노라고 답을 하고 말았다.

도반들은 내 뜻이 바뀔까 봐 곧바로 선원으로 가서 성오 사숙님께 말씀을 드리고는 간물장(간단한 물건을 보관하는 곳)에 넣어둔 내 바랑을 꺼내 강원(講院)으로 옮겼다. 다음날 범어사 전체 스님들이 공양을 끝낸 자리에서 강원 방부(房付)를 드리고 사교반(四教班-대학 3학년에 해당)에 편입하게 되었다.

강원에 입방(入房)하고 며칠 후 스승님께 보고를 드리러 영구암에 올랐는데, 예상대로 스승님께서는 강원입방을 달가워하지 않으셨다.

“자넨 필요한 경론을 다 읽었는데 또 무슨 강원인가?”

“경전의 이론에 뜻이 있는 것이 아닙니다. 도반(道伴-함께 수행하는 벗)들과 한방에 지내면서 절차탁마(切磋琢磨-수행과정에서 단점을 없애는 것)하여 원융무애(圓融無礙-이치와 현실에 걸림이 없는 원만한 삶)한 경지로 나아가는 기회로 삼겠습니다.”

“그렇게 하시게!”

스승님께서 비로소 웃으시며 하락을 하셨다.

그렇게 해서 나는 범어사 불교전문강원(범어사 승가대학)을 다니게 되었다.

스승님은 매사 당신의 의견을 말씀하셨지만 한 번도 내게 당신 뜻을 강요하시지는 않으셨다.

▣ 범어사 불교전문강원 대교반(大敎班—승가대학 4학년) 시절. 도반들과 산행을 하며. 1980년.

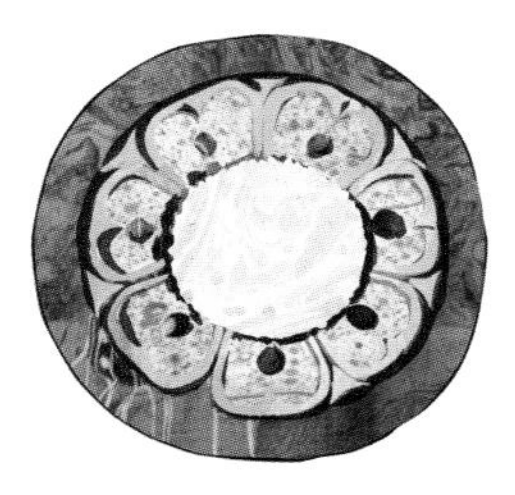

寒山華嚴
56

박정희 의장과의 만남

1979년 범어사 불교전문강원(佛敎專門講院-현 僧伽大學)의 생활은 출가본사(出家本寺-출가할 때 승적을 갖는 큰 절)인 범어사의 어른 스님들인 사숙(師叔-스승님의 사형사제)들과의 관계를 긴밀히 하는 기간이 되었다. 내가 경반(經班-강원 최고 반)의 반장 소임을 맡으면서부터는 의논드릴 문제들이 많아지면서 주지 스님이나 삼직(총무, 교무, 재무) 스님을 자주 찾아뵈어야 할 일도 많아지게 되었다.

대개는 업무적인 일을 의논하고 돌아오게 되지만 때로는 다과를 나누는 기회도 주어졌다. 그럴 때는 주로 사숙님들의 옛 경험들을 듣는 일이 많았는데, 그 가운데는 스승님의 얘기도 등장했다.

다음 얘기는 사숙님으로부터 들은 일화이다.

「1960년대 초반 국가재건최고회의의 박정희 의장이 범어사를 방문하게 되었지. 그때 범어사를 대표하여 화엄 사형님이 박의장을 만났지. 당시 박의장의 위세는 하늘을 찌를 듯했으므로 대부분의 사람들은 그 앞에 서면 주눅이 들게 마련이었어. 하지만 화엄 사형님은 마치 일반 신도를 만난 듯 여유로웠지.

얘기를 나누던 중에 박정희 의장이 갑자기 화랑담배를 꺼내 화엄 사형님께 권하더란 말이야. 그런데 화엄 사형님이 껄껄 웃으면서 내게 말하더군. "저기 방에 가서 제일 좋은 양담배 한 보루만 가져오시게. 국가재건최고회의 의장이 화랑담배나 피워서야 되겠는가!" 물론 양담배 따위는 있지도 않았지. 그런데 그 말을 들은 박의장이 담배를 집어넣더니 정중하게 사과를 하더군. "제가 절집의 예절을 잘 몰라 대사님께 큰 실례를 범했습니다." 그러자 화엄 사형님이 곧바로 이렇게 말하더군. "제가 정부 요인이 아니라서 예의에 어긋난 것은 아닌지 모르겠습니다." 그 뒤로 나눈 얘기는 화기애애했고, 동행한 모든 사람들에게 '대사님이 계시는 범어사에 실례되는 일을 하지 말 것이며 도와드릴 일이 있으면 적극 도우라!'고 특별 지시까지 했지.

화엄 사형님의 배포는 도대체 얼마나 큰지를 알 수 없단 말이야.」

▣ 범어사 금어선원(金魚禪院). 사숙인 유나 스님을 뵙고 나오는 길에 범어사 지정 사진사가 촬영해 준 것. 1979년.

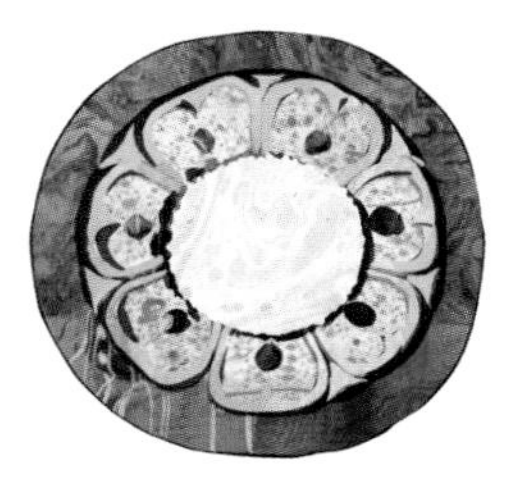

寒山華嚴
57

10.27 법난

1980년 10월 27일 새벽 예불을 마치고 범어사 불교전문강원 문밖의 남쪽에 있는 해우소(解憂所-화장실)에 들어서니, 입구 안쪽 좌우에 무장을 한 군인 둘이 서 있었다. 순간 특별한 훈련을 하는 것으로 짐작하여 "수고하십니다."라고 인사를 하고는 일을 본 후에 강원으로 돌아왔다.

새벽 공부와 도량청소를 마친 후 아침공양을 위해 강원 큰방에 모였는데, 어쩐 일인지 어른 스님들 몇 분이 보이질 않았고 분위기가 심상치 않았다. 공양이 끝난 뒤에 어른 스님께서 침통한 표정으로 입을 여셨다. "우리 절집에 아주 불행한 사태가 벌어졌습니다. 신군부 계엄사령부에서 간밤에 전국의 사암에 난입하여 백수십 명의 스님들을 강제로 끌고 갔다고 합니다. 우리 범어사에는 군인들이 난입하지는 않았지만, 아직 범어사를 포위하고 있으니 각별히 조심하시기 바랍니다." 얘기를 듣는 순간 분한 마음에 피가 끓어올랐다. 이런 나쁜 놈들에게 나는 새벽에 수고한다고 인사까지 했다는 말인가! 나는 공양을 마치자마자 해우소로 달려갔다. 하지만 그 사이 모두 사라지고 없었다.

흥분을 가라앉히자 문득 스승님이 떠올랐다. 스승님이시라면 필시 따라가지는 않으셨을 것이고, 혹시나 군인들이 일을 저지르지는 않았는지 걱정이 되었다. 곧바로 영구암으로 전화를 했더니 스승님은 암자에 계신다고 했다.

얼마 후 영구암에 갔더니 웬 거사와 겸상을 차려 주는 것이었는데, 알고 보니 지역 계엄사령관이었다. 그는 이미 스승님의 신도가 되어 있었는데, 그간의 사정을 들어보니 이랬다.

10월 27일 새벽에 영구암에도 무장한 군인들이 들이닥쳤다. 군화를 신고 스승님 방에 들어서는 것을 스승님께서 호통을 치셔서 군화를 벗었고, 모시고 가겠다고 군인들이 말하자 "내가 있을 곳은 여긴데 어찌 오라 가라 하느냐. 정 나를 조사하려거든 사령관이 오라고 해라!"라고 하셨다는 것이다. 군인들은 스승님의 기세에 눌려 그냥 돌아갔고 사령관이 영구암을 오르게 되었다. 한 시간 정도 얘기를 나눈 후 사령관은 스승님께 큰절을 올리며 신도로서의 예를 갖추었다고 한다.

비록 스승님께는 별 영향을 미치진 못했지만, 10.27 법난은 한국 불교계에 엄청난 여파를 미쳤다. 특히 나 개인적으로는 이후 몇 개월간 법난의 부당함을 성토하는 세미나 등에 범어사 대표로 참석하면서 많은 스님들을 만났고, 수행의 진로에 대해 완전히 방향을 바꾸는 계기가 되었다.

▣ 스승님의 선기(禪機)와도 같은 영구암 서쪽 암벽 모습.

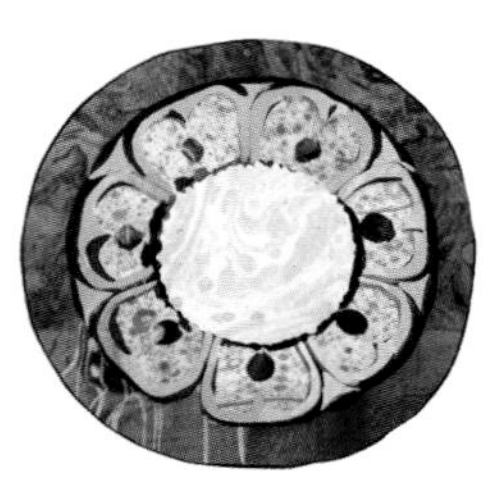

寒山華嚴

58

중앙승가대학 입학

1980년 늦가을부터 겨울까지는 10.27 법난에 대한 세미나 등으로 전국의 사찰을 순례하는 기간이 되었는데, 비슷한 연령대의 젊은 수행자들의 모임은 미래 승가(僧伽-스님들의 집단)에 대한 다양한 의견의 도출과 함께 수행의 방향에 대해서도 새로운 시각을 갖게 하였다.

범어사 불교전문강원을 졸업하면 곧바로 다시 선원으로 돌아가겠다는 것이 내 계획이었지만, 법난(法難-불교탄압)을 겪으면서 내 생각에도 변화가 생겼다. 만약 내 목에 총칼을 들이댄다면 무슨 말로 그들을 항복받을 수 있을까 하는 의문이 내 뇌리를 떠나지 않았다. 그 즈음에 서울의 중앙승가대학을 방문하게 되었고, 젊은 스님들에 의해 만들어

▣ 중앙승가대학 제3기로 함께 공부한 동창들. 학장 석주 큰스님을 모시고 개운학사가 있었던 서울 안암동 개운사에서 기념촬영.

진 대학이라는 사실도 알게 되었다. 나는 일단 중앙승가대학에 다니기로 결심을 했고 도반들과 시험에 응시하여 모두 합격을 하였다.

1981년 정월이 되자 나는 중앙승가대학의 등록비를 만들기 위해 부산 영도에 있는 모 사찰의 정초기도를 맡아 하였고, 기도법사 보시를 받아 입학등록금을 내었다. 그런 후에 스승님을 찾아뵙고 중앙승가대학에 등록한 사실을 말씀드렸다. 꾸중을 들을 각오를 단단히 하였는데, 스승님은 질책을 하는 대신 왜 중앙승가대학에 갈 생각을 하였는지를 하문하셨다. 나는 법난을 겪고 생긴 내 심경의 변화를 말씀드린 후 중앙승가대학에 가는 세 가지 이유를 대었다.

첫째, 팔만대장경을 모두 섭렵하여 부처님과 옛 스님들을 모두 만나봐야겠다는 것.

둘째, 내 자신이 수행의 길에서 다시는 물러서지 않는 불퇴전의 자리에 이르러야겠다는 것.

셋째, 훗날 가장 존경하는 스승님에 대한 기록을 남길 수 있는 실력을 갖춰야겠다는 것.

내 결심을 들으신 스승님께서는 아무 말씀도 없이 처음으로 학비에 쓰라며 돈을 주셨다.

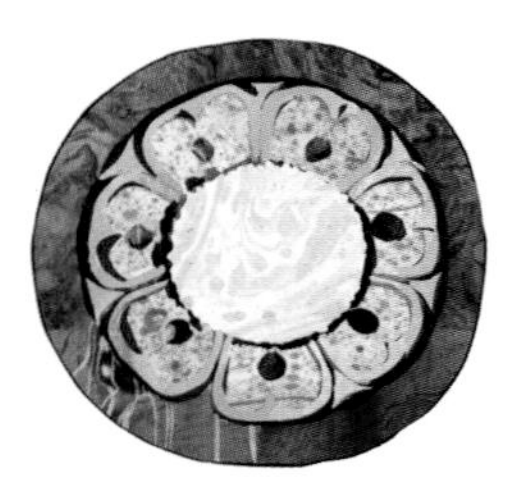

寒山華嚴
59

포대화상

1982년 1월, 스승님께 인사를 여쭈러 영구암에 갔다. 방학이라고 해야 하루 정도 머물다 떠나니 죄송스러웠지만 계획한 바대로 대장경을 섭렵하려면 시간이 터무니없이 부족했으니 어쩔 수가 없었다. 그런데도 스승님은 섭섭한 내색도 하지 않으셨다. 밤늦도록 먹을 갈며 시중을 들고 있었는데, 스승님께서 "자네 포대화상에 대한 자료를 찾아서 좀 정리해 주게." 하시었다. 스승님은 그동안 붓글씨에서 사군자를 거쳐 선화(禪畵)로 작품영역을 넓히셨다. 선화는 달마도(達摩圖)와 한산습득도(寒山拾得圖)를 주로 그리셨는데, 스님들 사이에 가끔 오르내리는 포대화상을 그리고 싶으셨던 모양이다.

1982년도만 해도 포대화상에 대한 자료가 따로 없었다. 나는 기숙사로 돌아오자마자 대장경에서 포대화상을 찾아 정리를 하였다.

포대화상은 중국 5대(五代) 최초의 왕조인 후량(後梁, 907~923) 때의 선승(禪僧)으로 법명(法名)은 계차(契此)이고 법호(法號)는 정응 대사(定應大師)인데, 명주(明州-지금의 절강성 영파寧波)의 봉화현(奉化縣) 출신이다. 몸집이 뚱뚱한 편으로 복덕구족(福德具足)한 동안(童顔)이었고, 항상 웃는 얼굴로 탁발을 해서 공양을 했다. 늘 지팡이에 자루를 매달고 다니면서 사람들이 버리는 물건을 얻어서 자루에 넣었고, 그 물건을 필요로 하는 사람을 만나면 꺼내어 주곤 했다. 그로 인해 사람들은

'자루를 들고 다니는 스님'이라는 뜻인 포대화상(布袋和尙)이라는 애칭으로 불렀다. 인간의 길흉화복을 잘 알아서 사람들이 물으면 가르쳐 주기도 했다. 계차 스님은 기행도 많이 하였던 모양이다. 스님이 비 오는 날 짚신을 신고 나오면 금방 날이 개었고, 맑은 날 나막신을 신고 나타나면 곧 비가 내렸다고 한다. 언제나 이 마을 저 마을로 돌아다니며 아무 곳에서나 자면서 사람들과 잘 어울려 근심을 풀어주곤 했다.

계차 스님이 남겼다는 게송이 있다.

일발천가반(一鉢千家飯)
고신만리유(孤身萬里遊)
청목도인소(靑目覩人少)
문로백운두(問路白雲頭)
발우 하나로 일천 집의 밥을 먹고,
외로운 몸 만리에 노니누나.
푸른 눈은 사람 보는 일 드물고,

길을 물으면 흰 구름 가리키네.

아유일포대(我有一布袋)
허공무가애(虛空無罣碍)
전개변우주(展開邊宇宙)
입시관자재(入時觀自在)
나에게 한 포대가 있으니,
텅 비어서 걸림이 없어라.
펼치면 우주에 두루 하고,
거두면 살핌이 자재하도다.

916년 명주(明州) 악림사에서 단정히 앉아서 다음 게송을 남기고 입적했다.

미륵진미륵(彌勒眞彌勒)
분신천백억(分身千百億)
시시시시인(時時示時人)
시인자불식(時人自不識)

미륵은 진짜 미륵보살이라,
몸을 나누니 천백 억이라네.
때때로 사람들에게 보였으나,
사람들이 스스로 알지 못하네.

사람들은 이 마지막 게송을 듣고 포대화상(布袋和尙)이 미륵보살의 화현(化現)임을 알고 그의 모습을 그리거나 조각하여 받들어 모셨다고 한다.

포대화상에 대한 자료를 정리해서 스승님께 드렸더니, 처음으로 고맙다는 말씀을 하셨다. 그로부터 10여 년이 지나자 사람들이 내게 포대화상을 모셔오기 시작했다. 어떤 이는 조각으로 또 어떤 이는 그림으로 선물을 하였다. 그래서 개화사에는 포대화상이 많이 모셔져 있다. 그 포대화상을 볼 때마다 나 자신은 얼마나 복덕이 구족한지를 돌아보게 된다.

▣ 스승님 한산당 화엄 대선사의 포대화상도.

寒山華嚴
60

유학을 말씀하심

1982년 봄, 스승님께서 서울 강남의 모처에 와 계신다며 신도에게서 연락이 왔다. 스승님께서 하실 말씀이 있어서 찾으신다는 것이었다. 시간을 만들어 스승님을 찾아뵙고 인사를 올렸더니 대뜸 "송강 수좌, 일본 유학 가시게!" 하시는 것이었다. 갑작스레 무슨 유학을 말씀하시냐고 여쭈었더니 이렇게 말씀하셨다. "나를 찾아왔던 교수들은 모두 송강 수좌가 교수가 되어야 한다고 나를 설득하더군.

심지어 그 얘기를 하기 위해 일부러 찾아온 교수도 몇 있었네."

중앙승가대학을 다닐 때 직접적으로 내게 교수가 되라고 하셨던 분이 두 분 계셨다. 한 분은 동국대 오형근(吳亨根) 교수님으로 유식(唯識)에 대한 리포트를 보시고는 당신 연구실로 불러 장시간 유식을 전공하라고 나를 설득하셨다. 만약 유식학을 전공한다면 모든 것을 뒷바라지해 주겠노라고 하셨다. 내가 왜 그런 생각을 하셨냐고 물었더니 "스님의 리포트는 내가 가르치지도 않은 부분까지 완벽하게 소화한 것으로, 내가 교수하면서 받아본 가장 뛰어난 리포트였습니다. 스님이 유식학을 전공하지 않는다면 불교계의 큰 손실입니다."라고 하셨다. 하지만 나는 "제 출가 목표에는 대학교수가 되는 것은 들어 있지 않습니다. 저는 오직 깨닫는 것을 목표로 출가했습니다."라고 말씀드리며 교수님의 청을 거절했다.

다른 한 분은 이화여대 대학원의 소흥렬(蘇興烈) 교수님이셨다. 나는 교수님의 기호논리학 강의를 들었다. 교수님은 마지막 시험에 점수와 상관없는 문제를 네 가지 출제하였는데, 나는 힘들게 그 문제들을 다 풀었다. 그 다음 주 교무처에서 교수님이 찾는다기에 갔더니 학감 스님과 학교 관계자들이 모두 모여 있었다. 그 자리에서 교수님은 "앞으로 논리학은 송강 스님께서 강의를 맡으셔도 충분합니다. 이번 시험에 배우지도 않은 박사과정 문제를 출제했었는데 송강 스님이 다 풀었습니다. 강의를 맡기시지요." 하는 것이었다. 물론 재학생 신분인 내게 강사를 맡길 학교 당국이 아니었다. 교수님은 나를 한국철학회 논리분과 회원으로 추천하셔서 몇 년간 세미나 등에 참석한 일도 있었다. 그때 회원인 교수들이 모두 내게 논리학을 전공하라고 했는데, 내 질문에 명확한 답을 해 준다면 그러겠노라고 했었다. 즉 '인간의 행복'이나 '깨달음'을 논리적으로 풀 수 있느냐는 것이었는데, 교수님들은 난색을 표하면서 더 이상 권하질 않게 되었다.

스승님께서는 어린 시절부터 일본에서 자랐고 의과대학까지 나온 분이시다. 뿐만 아니라 1980년대 이미 일본 임제종의 지도법사로 추대되어 있었고, 일본 천태종의 최고 어른 스님을 비롯한 고승들과 교류가 활발했으며 대학총장들과도 잘 알고 지내셨다. 그렇다고 해도 내 유학문제를 준비하는 데는 꽤 오랜 시간이 걸렸을 것이고 또 어려움도 많았을 것이다.

"자네 일본 가서 동경대학 다니시게. 이미 총장과 얘기 되어 있네. 그리고 오사카에 교포들이 만든 절이 있으니 주지를 맡아 가끔 법문도 해 주고……."

"저 유학 안 갑니다. 일본의 불교관계 최고 권위

자인 석학들의 저서나 논문은 이미 제가 다 보며 공부하고 있습니다. 하지만 그들의 저서에는 수행의 맛이 없습니다. 그저 이론일 뿐입니다. 저는 이론가가 되기 위해 중앙승가대학에 온 것이 아닙니다. 팔만대장경을 통해 제 수행의 바름을 확인하기 위함이었습니다. 일본에 가 봐야 깊은 수행은 만나기 어려울 듯합니다. 그래서 가지 않겠습니다."

"그런 점이 있지. 자네 좋은 대로 하시게."

그렇게 얘기는 불과 2분 만에 끝나고 일상의 대화로 넘어갔다. 스승님은 당신께서 오래 노력하신 어려움 따위에 전혀 미련을 두시지 않으셨다. 그때 스승님의 결정은 그야말로 전광석화와도 같았다.

▣ 중앙승가대학 개운학사가 있던 안암동
개운사의 법당 옆 소나무에 기대어
미래의 방향을 생각하던 때.
(1982년 겨울. 중앙일보 문화부 차장이 촬영.)

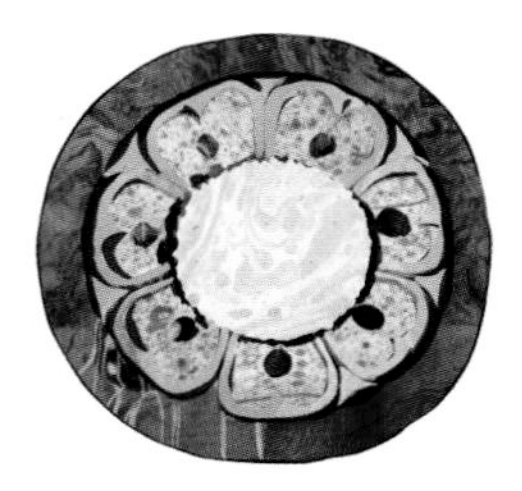

寒山華嚴
61

구산 큰스님 조문

내가 중앙승가대학에서 공부했던 1980년대 초기는 큰스님들께서 입적(入寂-돌아가심)하시면 재학생들이 모두 영결식과 다비식에 참석했었다. 조계총림(송광사) 초대방장을 지내신 구산(九山) 큰스님께서 입적하신 1983년에도 송광사로 내려가 영결식과 다비식에 참석했었다.

큰스님들께서 입적(入寂)하시면 대개 5일장 내지 7일장을 지내는데, 우리는 공부하는 입장이었기에 짧게 참석하기 마련이었다. 구산 큰스님께서 입적하셨을 때도 며칠이 지나서 송광사에 도착했다. 그런데 몇몇 스님이 나를 보자 스승님이 다녀가셨다는 말을 하면서 대단한 조문(弔問)을 보게 되었다는 것이었다. 그 스님들의 말씀을 정리해 보면 이렇다.

「구산 큰스님의 문도들이 모두 도열한 가운데 화엄 스님께서 주장자를 짚고 들어오셨는데, 곧바로 관으로 가시더니 주장자로 관을 세 번 내리친 후에 (관이 있는 병풍 앞의 방바닥이었는지는 확실하지 않음) "구산 스님! 스님이 공부한 것을 지금 한마디 일러보시오!" 그리고는 묵묵히 계시더니 다시 주장자를 세 번 내리친 후에 그대로 나가서 동림사로 가셨어.」

구산 큰스님은 스승님보다 세속의 나이가 위이시다. 그러나 스님들은 세속 나이와 상관없이 도반이 되기도 한다. 팔순의 사형님 말씀으로는 구산 큰스님과 스승님이 50년대의 정화불사 때부터 도반으로 지냈다고 했다. 한 예로 서울의 큰 부자가 스승님을 따라다니며 잘 모시겠다고 허락을 청했을 때, 스승님은 더 훌륭한 스님을 소개하겠다며 구산 스님을 소개했다는 것이다. 그 부자는 구산 스님을 도와 송광사 불사에 큰 역할을 했다고 한다.

나는 조문 얘기를 듣고 스승님께서 구산 큰스님을 얼마나 생각하셨는지 짐작할 수 있었다. 스승님께서 하신 그 조문은 도인에게나 할 수 있는 거량(擧揚-선사들의 대화)이었기 때문이다.

어쨌거나 공부한 스님들은 참 멋졌다.

▣ 스승님의 선기(禪機)를 보여주는
달마도(達摩圖-隨處作主).
(개화사 설법전 소장.)

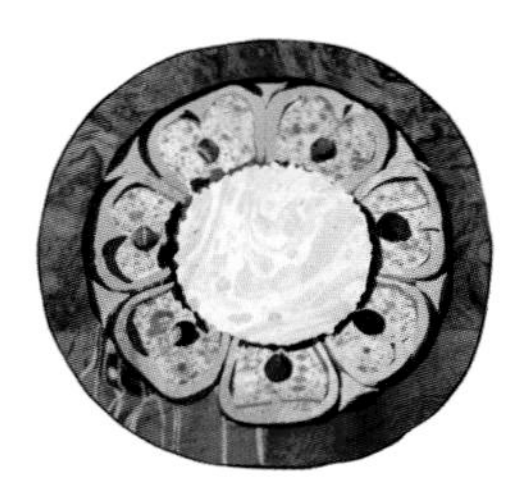

寒山華嚴
62

의심을 풀다

1983년 2년제의 중앙승가대학을 졸업할 때, 나는 원래의 목표인 팔만대장경을 미처 다 섭렵하지 못했었다. 때마침 학교가 4년제로 바뀌었기에 다시 2학년으로 편입하게 되었고, 3학년 겨울방학을 맞게 되었다.

스승님께서는 여름방학이나 겨울방학에 당신 곁을 지키며 시봉하지 않고 오직 학교 기숙사에 머물며 대장경과 씨름하는 나를 섭섭하게 생각지 않으셨다. 덕분에 나는 원래의 목표를 향해 줄기차게 나아갈 수 있었다.

여름방학 동안 기숙사에 머무는 것은 몇 번의 요청 끝에 학교 당국에서 허락을 해 주었다. 그러나 겨울방학은 문제가 달랐다. 나 한 사람을 위해 기숙사 전체 난방을 할 수는 없었기에 여지없이 거절당했다. 하지만 냉방에서 목숨을 잃어도 전적으로 내 책임이라는 각서까지 제출하며 줄기차게 요청을 하자, 학교에서도 마지못해 기숙사에 머무는 것을 허락해 주었다.

80년대 서울의 겨울은 추웠다. 영하 15도는 예사였다. 난방이 되지 않는 콘크리트는 얼음장과도 같아서 바깥보다 나을 것이 전혀 없었다. 전기장판 하나에 의지해 겨울을 지내야 하는 무모한 생활을 한 지 4년이 되던 1984년 겨울방학이었다. 팔만대장경을 거의 섭렵하긴 했지만 내 마음엔 풀리지 않는 의심이 있었다. '부처님께서는 무엇을 보신 것일까?' 언어적 설명은 어떤 것이건 이 문제에 대한 답이 아니었다.

음력으로 정월 보름쯤 되는 밤중이었다. 바깥은 온통 눈에 덮여 있었고, 나는 목말라 있었다. 묘법연화경을 보고 있었지만 타는 갈증으로 가슴은 식지를 않아서 창을 열었다. 새벽의 달은 차라리 푸른빛이었다. 눈에 덮인 흰 산등성이 위의 푸르른 달이 너무나 좋아 추위도 잊고 불을 끈 채로 한 시간여를 지켜보다가 목이 아파 시선을 떨어뜨렸다. 책상 위 법화경은 달빛을 받아 푸른빛을 띠고 있었는데, 어느 순간 한자로 된 경문(經文)이 금빛으로 변하더니 내게로 쏟아져 들어왔다. 그 순간 가슴도 머리도 시원해졌고, 비로소 나는 모든 의심을 풀었다. 그때의 심경을 곧바로 적었는데 다음과 같다.

본래무일물(本來無一物)
차시묘용본(此是妙用本)
무차섭만법(無差攝萬法)
개화일지련(開花一枝蓮)
본래 한 물건도 없는 자리,
이것이 미묘한 작용의 근본.
차별 없이 모든 것 섭수하면,
한 떨기 연꽃을 피우리라.

나는 곧 스승님을 찾아뵙고 내가 체험한 것을 말씀드렸다. 스승님께서는 빙긋 웃으시며 말씀하셨다. “이제 누구에게도 속지 않겠군!”

▣ 중앙승가대학 제3기 졸업식 때 나를 아껴주신 인환(印幻) 스님과 기념촬영. 내가 가장 존경한 교수님이셨다. 1983년 2월 28일 개운사(開運寺) 대각루(大覺樓) 앞. 큰스님은 2018년 10월 26일 입적하셨다.

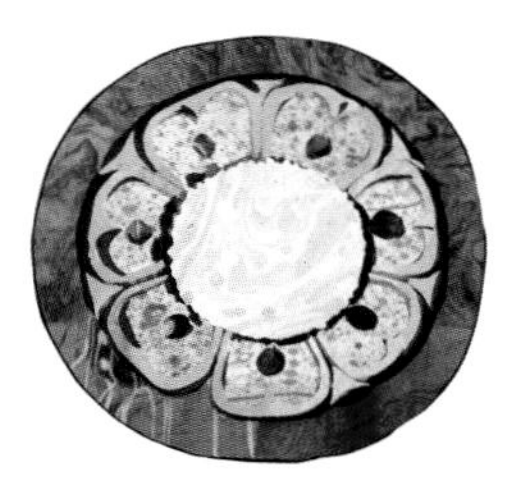

寒山華嚴
63

동림사 복원 원력

1984년쯤이었을 것이다. 영구암에 가면 스승님은 거의 방에 계시지 않았다. 절 뒤 산에서 스승님의 염불소리가 들렸다. 소리를 따라 산비탈 오솔길을 오르니 이전에 나무하러 다닐 때 보았던 작은 굴에 지장보살님을 모시고 기도를 하시는 것이었다. 스승님은 아무에게도 방해를 받지 않고 당신의 원력을 성취하기 위해 법당이 아닌 그 굴을 선택하신 것이었다.

오래전부터 스승님은 동림사(東林寺)를 복원하고 싶어 하셨다. 전하는 말로 김해는 우리나라에서 가장 불교가 먼저 들어온 곳이다. 가야국(가락국) 때 신어산(神魚山)에 2사(寺) 5암자가 있었다고 한다. 그 두 개의 절이 서림사와 동림사인데, 두 절이 임진왜란 때 불타버렸으나 서림사(西林寺)는 곧 복원되어 오다가 은하사(銀河寺)로 개칭했다. 지금도 '서림사' 편액이 있다. 그러나 동림사는 그저 빈터에 부서진 탑만 있었다.

*** 자세한 것은 『삼국유사』「가락국기」 편을 참조할 것. ***

1970년대 나와 같이 빈터에 이르러 스승님께서는 흩어진 탑의 돌을 모아두고 반드시 동림사를 복원하시겠다는 원력을 말씀하셨다. 그러나 당신께서는 재력가들로부터 큰 보시를 받아 복원하길 원치 않으셨다. 그래서 당신께서 그리고 쓴 선화(禪畵)

나 선필(禪筆)을 선물로 주고 보시를 받아 복원불사를 하시기로 작정을 하셨다.

스승님께서는 하루에 8시간 이상을 굴에서 기도를 하셨고 기간은 3년을 채우셨다. 그렇게 해서 동림사는 다시 세상에 그 모습을 나타내게 된 것이다.

지금 영구암에 가면 김해시에서 산의 정상으로 오르는 등산로를 정비해 놓았는데, 스승님께서 기도하시던 그 굴 앞을 지나게 되어 있어서 지장보살님께 참배를 할 수 있게 해 두었다.

▣ 스승님께서 동림사 복원 원력을 세우시고 3년간 가도하셨던 굴법당의 지장보살상. 신어산 정상으로 오르는 등산로가 이 앞을 지나게 되어있다.

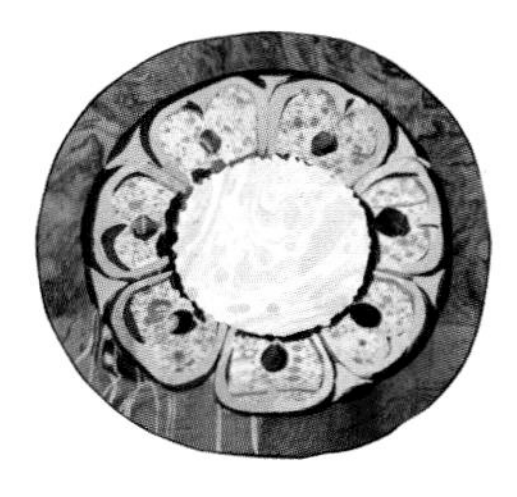

寒山華嚴
64

지장도량 동림사

1986년 나는 서울 개운사 총무 소임을 보고 있었다. 중앙승가대학을 졸업하고는 서울을 떠날 생각이었지만, 중앙승가대학의 지원 사찰이 된 개운사의 주지 스님(1기 선배)과 도반들이 졸업 1년 전부터 도움을 요청해 왔던 터라 할 수 없이 총무 소임을 맡았던 것이다. 당시 스승님께서는 동림사의 터를 닦고 전각(殿閣)을 한 채씩 세우는 불사를 진행하고 계셨는데, 도와드리지 못하는 죄송함이 늘 마음에 있었다.

여름에 며칠 휴가를 얻어 스승님을 찾아뵈려고 영구암을 올랐더니 동림사(東林寺) 불사현장에 내려가 계신다고 했다. 현장으로 가서 도와드리지 못하는 송구한 마음을 말씀드렸더니, 껄껄 웃으시며 말씀하셨다. “자네가 내려오지 못할 때는 그만한 까닭이 있을 것이라 생각했네. 여기 일이야 목수들이 하는 것이니 자네는 자네가 해야 할 일을 하시게나.”

스승님은 그날 법당의 주련(柱聯-기둥에 세로로 시구를 연이어 써서 거는 것)을 목재에 직접 쓰고 계셨다. 대개는 종이에 쓴 것을 전각(篆刻)하는 이들이 목재에 새기는 것이었는데, 기(氣)로 글씨를 쓰시던 스승님은 곧바로 목재에다 글씨를 써내려갔다. 한참 주련을 쓰시던 스승님께서 잠시 쉬시며 내게 물으셨다.

“큰 법당 이름을 뭐라고 하면 되겠는가?”

“지장보살님을 본존(本尊-중심에 모시는 주된 존상)으로 모실 것이지요?”

"그렇지. 아직 지장보살을 본존으로 모신 큰 법당이 없으니 예가 없어서 말이야."

"지장보살님을 '대원본존 지장보살'이라고 존칭하니까 '대원보전(大願寶殿)이 좋지 않겠습니까?"

"그것 좋군! 그렇게 하도록 하지."

내가 그 다음에 스승님을 찾아뵈러 동림사로 갔더니, 큰 법당 현판(懸板)에는 스승님의 글씨로 '대원보전(大願寶殿)'이라고 새겨져 있었다. 참배하기 위해 법당으로 들어갔더니 주존(主尊)으로는 지장보살(地藏菩薩)을 보시고 좌우보처(左右補處)에는 도명존자(道明尊者)와 무독귀왕(無毒鬼王)을 모셨으며, 그 뒤로는 지장원찬(地藏願讚) 이십삼존불(二十三尊佛)을 모셨다.

스승님께서는 참선(參禪)을 하시는 외에는 항상 지장경(地藏經)을 독송하셨고 지장기도를 하셨는데, 이는 일체중생을 다 제도하시겠다는 지장보살님의 원력을 당신의 원력으로 하셨기 때문이었다.

그 원력으로 일구신 것이 대가람 동림사이다.

▣ 영구암에서 내려다 본 동림사 원경. 창건 당시에 비해 건물 2동이 화재로 소실된 모습임.
(스승님 12주기 다례일인 2013년 10월 29일에 촬영.)

▣ 동림사 대원보전과 왼쪽의 천불선원. 지장보살상 머리 위로 산 정상 바로 아래가 영구암.
(스승님 5주기 다례일인 2006년 11월 15일에 촬영.)

▣ 대원보전 내의 지장보살상, 도명존자와 무독귀왕 상, 그 뒤로 23존불.

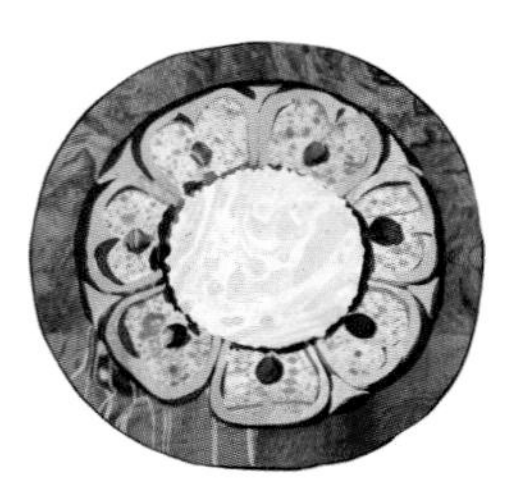

寒山華嚴
65

총무원 재정국장

1987년 서울 안암동 개운사 총무 소임을 내려놓고 도반이 운영하던 부천 역곡의 포교당에서 법사를 하고 있었다.

어느 이른 아침 도반에게서 조계사로 빨리 나오라는 전화가 왔다. 왜 그러냐고 물어도 그냥 나와 보면 안다는 말만 되풀이하기에 영문도 모른 채 조계사로 갔다. 조계사에는 이미 도반 몇이 기다리고 있었는데, 다짜고짜로 총무원으로 올라가자는 것이었다. 그렇게 총무원 4층 총무원장실로 올라갔고, 잠시 후에는 재정국장 임명장을 원장스님으로부터 받아들고 있었다.

나의 출가 원력에는 종단의 주요 소임을 보겠다는 것은 애당초 없었고, 임명장을 받는 순간까지도 국장 소임을 볼 것이라고는 상상도 못했다. 그런데 갑작스레 조계종의 재정을 총괄하는 국장 자리를 맡게 된 것이었다. 정신을 차리고 연유를 알아보았더니 다음과 같은 이유로 내가 재정국장이 된 것이었다.

나는 당시 도반들끼리의 친목을 위한 모임에 가입해 있었고, 도반들의 추천으로 회장을 맡고 있었다. 모임에 참여하게 된 것도 또한 도반들의 권유에 의해 우연히 일어난 일이었다. 그런데 우리 모임 앞으로 국장 자리가 하나 나오게 되었고, 당시 회장을 맡고 있던 내가 여러모로 보아 국장 자리에

적임자라고 도반들끼리 결정해 버린 것이었다.

총무원 재정국장이라는 소임을 맡긴 했지만, 나는 총무원 내에서 완벽한 이방인이자 왕따였다. 출가 이후 선원과 강원 및 중앙승가대학을 거치면서 거의 공부만 했기에 총무원 내에 아는 인물이 겨우 한두 사람 정도였다. 하지만 그들도 나를 멀리하기는 마찬가지였다. 그런데다 직원들의 월급날과 산하단체 지원금을 내 보낼 날짜가 코앞에 다가와 있었다. 재정과장의 얘기로는 직원들의 월급이 제 때에 나간 적이 거의 없다는 최악의 재정현황이었다. 나는 속달로 각 본사와 관람료 사찰에 협조 공문을 보내게 했고, 종무원(직원)들로 하여금 재정국장이 출장을 간다는 사실을 알리라고 했다.

칠일 간의 출장 허가를 받고 경기도 충청도 전라도 경상도 강원도의 사찰들을 4일 만에 다녀와 월급을 다 지불하고 산하단체 지원금까지 해결을 하였다. 그때부터 총무원장스님으로부터 재가종무원(직원)들까지 나를 재정국장으로 인정하는 눈치였다.

출장 중에 나는 스승님을 찾아뵙고 재정국장이 된 연유를 말씀드렸다. 불호령이 떨어질 것이라는 내 예상과는 달리 스승님께서는 "기회가 되었을 때 큰살림을 살아보는 것도 좋은 경험이 되겠지. 하지만 정치는 하지 마시게!"라고 웃으시며 말씀하셨다. 총무원장 스님에 대해서는 어떻게 생각하시느냐고 여쭤보았더니 다음과 같은 말씀을 해 주셨다.

"옛날 봉암사 결사 때였지. 억울한 누명을 쓴 한 수좌가 도끼를 들고 와서는 어른들 앞에 목을 늘이더니 '제가 정말로 잘못을 범했다면 이 도끼로 제 목을 치십시오.' 하더란 말이야. 조사를 해보니 억울한 누명이었어. 그런데 그때 그 수좌가 지금의 총무원장 의현 스님이야. 그릇된 일을 하지 않을 스님이니 곁에 있는 동안 좋은 점은 배우도록 하시게."

내가 수많은 일들을 겪으면서도 의현 총무원장 스님과 8년 가까이 함께 한 것은 스승님의 그때 말씀이 가장 큰 울림을 준 때문이었다.

▣ 총무원에 근무한 지 얼마 되지 않아서부터는
기획과 진행을 도맡아 하게 되었다.
(총무원 회의 사회 보는 장면.)

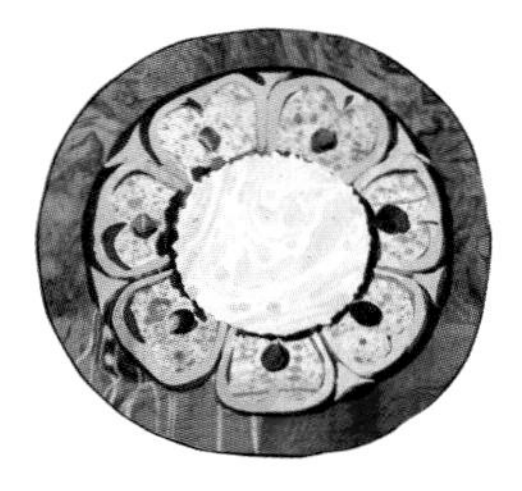

寒山華嚴

66

범어사 주지

1990년 겨울이 가까울 무렵 원장 스님이 "국장 스님은 범어사 일도 안 살피고 뭘 하십니까? 국장 스님 은사 스님이 강남에서 범어사 주지 임명장을 받아서 되겠습니까?"라고 하시며 짜증을 내시었다.

당시는 종단의 이해관계로 인해 강남에 또 하나의 총무원 간판이 내걸리면서 금방이라도 조계사에 있던 총무원 체제가 무너질 것이라는 소문이 떠돌던 시절이었다. 그런데 그 소용돌이에 스승님이 말려들게 된 것이었다. 바로 스승님을 모시던 젊은 스님들이 강남의 총무원에서 스승님의 범어사 주지 임명장을 받았다는 것이었다.

그 일이 있기 몇 개월 전에 범어사 주지가 불명예스럽게 물러나는 일이 생겼다. 그러자 범어사에서는 산중총회를 열어 다음 주지로 스승님 한산 화엄 선사를 선출했다. 만약 이때 스승님을 모시던 이들이 나와 의논을 했더라면 어떻게든 합법적인 임명장을 받게 해드릴 수 있었겠지만, 스승님을 옹립한 스님들은 내가 개입하여 주도권을 쥐게 될까 봐 피하고 싶었던가 보았다.

원장 스님의 말씀을 듣고서야 사정을 짐작하고는 자세히 알아봤더니, 스승님을 모시던 스님들이 스승님과 범어사 전체에도 알리지 않은 채로 강남 총무원에서 임명장을 받았던 모양이었다.

스승님은 평생을 참선수행을 하신 분이셨다. 비록 몇 곳에서 주지 소임을 맡으신 일이 있지만, 행정과는 상관없이 사신 분이셨다. 총무원 출입을 하시지 않았던 은사 스님은 행정적인 부분을 범어사 삼직(三職-총무, 교무, 재무)을 맡은 젊은 스님들에게 일임하신 모양이었는데, 젊은 스님들이 스승님을 기만한 모양이었다. 주지 자리에 큰 관심이 없었던 스승님이셨지만, 주지를 맡으신 것은 한 가지 바람 때문이었다. 스승님은 오랫동안 범어사가 총림(叢林-종합 수도원 체제)이 되어야 한다고 생각하셨다. 대표적인 수행도량인 선찰대본산(禪刹大本山-참선수행을 하는 가장 대표적인 사찰)인 범어사가 언제부턴가 몇몇 행정승의 손에 놀아난다고 안타까워하셨던 분이셨다. 아마도 삼직들은 바로 이 총림체제를 만들겠다는 계획으로 내 은사 스님을 설득한 모양이었다.

나는 직접 스승님께 전화를 걸어서 동림사로 돌아가시는 것이 좋겠다는 뜻을 완곡(緩曲)하게 말씀드렸다. 아무리 스승님의 뜻이 좋다고 해도 이미 절차상 잘못을 했기에 곧 문제가 생길 것이라고 설명을 드렸다. 일을 진행한 스님들이 처음부터 내게 의논을 했더라면 어떻게든 범어사 주지 임명장을 정식으로 받아냈을 것이지만, 이미 임시로 만든 강남총무원의 임명장을 받았기 때문에 잘못된 길에 들어섰다는 것을 말씀드렸다. 처음과 두 번째의 전화까지는 잘 알아보시겠다던 은사 스님께서 세 번째 전화를 드렸을 때는 범어사 일은 범어사에서 알아서 할 테니까 신경 쓰지 말라고 하시며 전화를 끊으셨다.

조금 시간이 흐르자 결국 범어사 자체에서 스승님을 모시던 삼직들에 반대하는 모임이 만들어졌고, 다른 스님을 주지로 선출했다는 얘기가 들렸다. 그러던 어느 날 범어사의 젊은 스님들이 여러 사람 나를 찾아왔다. 그들이 찾아온 이유는 내가 범어사 총무를 맡아 주면 은사 스님의 체제를 지지하겠다는 것이었다.

그 말을 듣는 순간 나는 그들의 속내를 바로 알아차렸다. 내가 총무원에 있으면서 다른 분의 주지 임명을 반대하지 못하도록 하는 것, 한편으로는 내 손으로 반대파를 정리한 후 내가 그 책임을 지고 물러나게 하려는 목적임이 분명했다. 나는 "범어사 문제에는 일체 개입하지 않을 테니 하고 싶은 대로 하십시오."라는 말로 그들을 돌려보냈다. 스승님께는 내 진심을 따로 말씀드릴 계획이었다.

▣ 안개가 자욱한 범어사 일주문 모습.
때로는 짙은 안개 속과 같은 상황이 전개되기도 한다.

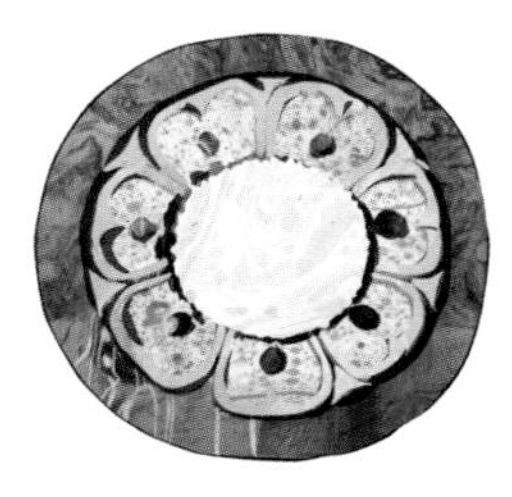

寒山華嚴
67

동림사로 돌아오심

범어사에서 내 동년배의 스님들이 올라와 나를 만나고 간 얼마 후 범어사 주지로 다른 사숙(師叔-은사 스님의 사형제)이 임명되었다는 소식이 들렸고, 결국은 누가 합법적인가를 가리는 문제가 법정까지 갔다는 소식도 올라왔다. 그러면서 해가 바뀌어 정월이 되었다. 설날이면 늘 은사 스님께 세배를 올렸던 나는 주말을 기해서 범어사로 스승님을 찾아뵈었다. 그동안 범어사의 스님들이 나에 대한 얘기를 어떻게 말씀드렸는지, 스승님은 아주 냉랭하게 나를 대하셨다. 인사를 드리자 "총무원장 심부름 왔는가?"하시며 쏘아보셨다. "해가 바뀌어 세배를 올리려 왔을 뿐입니다." 이 한마디만 말씀드린 채로 나도 입을 다물어 버렸다. 그렇게 침묵으로 접견실에서 한 시간 이상을 앉아 있었더니, 여러 보고를 다 받으시고 한가해지자 나를 보시며 바람이나 쐬러 가자고 하셨다.

스승님과 나는 대웅전과 선원 등으로 한 시간여를 다니면서 평상시의 스승과 제자가 되어 있었다. 그리고 다시 거처로 돌아갔을 때 접견실이 아닌 내실(內室)로 따라오라고 하셨다. 내실에 이르자 스승님께서 물으셨다.

"자네 내게 할 말이 없는가?"

"총무원 국장으로는 드릴 말씀이 없습니다. 상좌로서 말을 하라고 하시면 한 말씀 드리겠습니다."

"말하시게!"

"첫 단추가 잘못 꿰진 일입니다."

"어쩌면 좋겠는가?"

"하루라도 빨리 동림사로 돌아가시는 것이 좋겠습니다."

"알았네. 하지만 나 혼자 몸이 아니니 적당한 때가 되면 돌아가겠네."

총무원에 돌아와 새해 일을 추진하고 있는데, 범어사의 일이 긴박하게 돌아간다는 보고가 올라왔다. 양측이 대치를 하고 있기에 어떤 불상사가 일어날지 모르겠다고 모두 걱정들이었다. 주변에서는 상좌(上佐-제자)가 되어 걱정도 하지 않느냐며 나를 이상하게 보기도 했다. 하지만 나는 스승님과 나눈 얘기가 있었기 때문에 아무 걱정도 하지 않고 있었다.

차후에 들은 얘기로는 일촉즉발(一觸卽發)의 긴박했던 상황에서 가사장삼을 수하신 스승님께서 주지실을 나와 대치한 대중들을 향해 "출가사문이 창피스런 일이다. 다들 잘 살아라."라고 하시며 일주문 밖으로 나가셨다고 한다.

뒷날 범어사 스님들을 만났더니 스승님을 떠나시게 설득해서 불상사를 막았다는 이들이 여럿 있었다. 하지만 그 일은 정월에 나와 이미 약속하신 것을 때가 되었다고 생각하시어 행동으로 옮긴 것일 뿐이었다.

동림사에 돌아가셨다는 소식을 듣고 시간을 내어 인사를 여쭈러 갔더니, 스승님께서 웃으시며 한 말씀 하셨다. "송강 수좌! 자네에겐 창피스럽구먼. 처음부터 자네 얘길 들었어야 했는데, 총림 때문에 잠시 어두웠네."

어느 분야에서는 탁월한 능력을 발휘하던 이들도 세상의 정치적인 흐름에 들어가게 되면 자신의 능력을 발휘하기도 전에 우습게 되는 경우가 왕왕 있다. 물론 스스로가 잘 살펴야 하겠지만, 주위에서도 부질없이 흔드는 일을 하지 않았으면 좋겠다.

부처님께서는 탁발을 나갔다 오시거나 혹은 사람들을 만나러 나갔다가 돌아오시면 언제나 흙이 묻은 발을 씻으셨다. (부처님은 맨발로 걸어 다니셨다.) 이것이 무엇을 상징하는지를 잘 살펴볼 일이다.

▣ 스승님께서 작업복을 입으시고 직접 차를 타시는 모습. 스승님께서는 특별한 경우를 제외하곤 직접 하시기를 좋아하셨다.

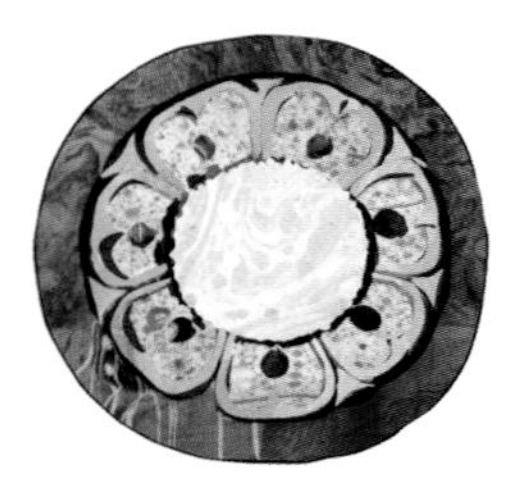

寒山華嚴
68

경주의 생불

총무원 국장 생활을 몇 년 하는 사이에 스님들과 재가종무원까지 거의 가족같이 친해졌지만, 특히 형제처럼 지낸 분들이 몇 분 계신다. 그 가운데 이미 입적하신 도각 스님(당시 사회부장)과는 참 각별한 사이였다.

당시 총무원 청사 5층에는 중앙에 법당이 있었고, 사방에는 부장 스님들과 국장 스님들의 숙소가 있었다. 도각 스님께서는 가끔 당신 방으로 나를 불러서 다과를 나누며 옛날 얘기 하길 좋아하셨다.

어느 날은 스승님의 얘기를 꺼내셨다.

「1960년대 어느 해, 나와 다른 젊은 스님이 국장스님의 은사 스님을 모시고 행각을 다닌 적이 있어. 정해 놓은 목적지가 있었던 것은 아니었기에, 탁발하고 다니다가 절을 만나면 하룻밤 자고 떠나기를 되풀이했지.

어느 날 경주의 변두리 지역을 지나다가 한 절에 들어가 하룻밤 자기를 청하여 머물게 되었지. 그런데 저녁 공양 시간이 지났다고 밥도 주질 않더란 말이지. 비록 배가 고팠지만 빈속으로 정진하며 밤을 넘겼어. 아침이 되었는데 젊은 여인이 겨우 누룽지 끓인 것을 세 그릇 가져다주더란 말이야. 배가 고프니 먹었지. 그런데 가만 살펴보니 주지 스님은 가족들과 진수성찬을 먹더란 말이야. 당시는 반강제로 스님들을 결혼시킨 일제의 영향이 강하게 남았던 터라, 대부분의 사찰에는 결혼한 스님들이 주지로 있었거든.

멀건 누룽지 끓인 것을 비운 화엄 스님이 법당으로 가시기에 따라갔지. 그런데 나무로 조성한 목불상(木佛像)을 번쩍 안고서는 마당으로 옮기시더라고. 그리고는 어디선가 도끼를 가져와서는 다른 나무에 도끼질을 하셨어. 주지 스님과 가족들이 놀라 마당으로 나오자 화엄 스님이 주지 스님에게 이렇게 말하시더라고. "살아있는 부처도 알아보지 못하고 제 속만 채우는 절에 불상이 뭐 필요하겠소. 필시 부처님이 아니라 나무토막일 게요. 내가 이 불상을 쪼개 장작으로나 써야겠소." 그러자 주지 스님이 잘못했노라고 뭐든지 시키는 대로 하겠다며 애원을 하더군. 그때서야 화엄 스님은 도끼를 내려놓고 곳간을 열라고 해서 쌀을 꺼내 솥마다 밥을 지으라고 하셨지. 열 가마도 넘는 쌀로 계속 밥을 지어 식구들 모두 나서서 마을 집집마다 밥을 돌리게 했어. 해가 질 무렵에야 그 일이 끝났는데, 화엄 스님이 주지 스님에게 말씀하시더군. "앞으로 누가 오더라도 가족처럼 대하시고, 동네 사람들과 더불어서 살 생각을 하시오. 열심히 기도하면 살 길이 저절로 열릴 것이니 굶지는 않을 것이오. 다음에 지날 일이 있으면 또 들리리다."

주지 스님의 배웅을 받으며 마을을 떠나는데, 동네 주민들이 모두 길에 나와 전송을 하면서 "생불님 감사합니다."를 외치더라고. 그때 생각하면 참 통쾌했지.」

▣ 1978년 한 문화행사에 증명법사로 참석하셨던 오십 대의 스승님.

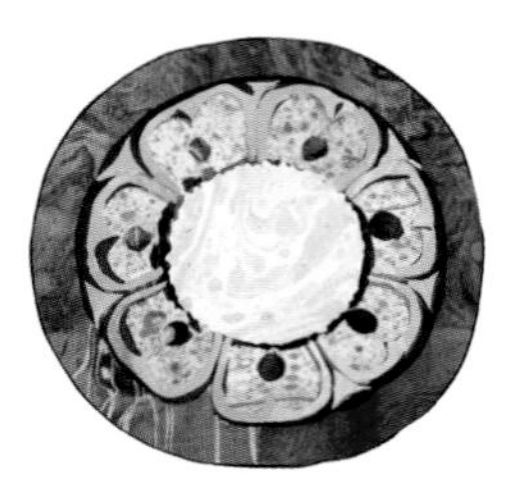

寒山華嚴
69

대원지에 실린 스승님

1988년 가을, 본사인 범어사에 일이 있어 출장을 간 길에 잠시 짬을 내어 스승님을 찾아뵈었다. 차를 달여 드리며 이런저런 얘기를 나누는데 불교 월간지 '대원'의 표지에 스님 모습이 보였다. 특별 취재를 한 모양이었다. 스승님께 말씀드리고 한 권을 가져 왔었는데, 특별 취재의 내용을 간추려 본다. 좀 길기 때문에 문답의 핵심을 잡아 재구성했다.

〈질문〉전통선이란 무엇입니까? 또 선(禪)을 경시하는 풍토에 대해 어떻게 생각하시는지요.

〈답〉깨달았다는 것은 홀연히 자기 자신을 보았다고나 할까. 다른 말로는 무심(無心)이 되었다는 말이지. 눈앞에 보이는 모든 삼라만상이 마음 거울에 비치는 그림자인 것을 안 것이지. 그런 경지에서는 살고 있으되 살고 있지 않다는 것을 아는데, 이것을 견성이라고나 할까. 잠들었거나 깨어 있거나 밝거나 어둡거나 간에 항상 성성적적(惺惺寂寂)한 것을 전통적인 선(禪)이라고 할 수 있지.

요즘 참선을 가벼이 여기는 것은 문자에 치중하는 공부 때문에 그렇겠지. 학술불교를 많이 하니까. 그렇지만 경전을 번역하면서도 자기 소견대로만 하는 것이 문제야. 참선 수행을 해 보지 않은 사람들은 그런 책을 보면서 쉽다고 생각하며 속거든.

옛날 참선 수행하던 이들은 말을 아꼈지. 한 예로 이안 선사와 형운 선사의 얘길 들 수 있지. 이안 선사가 형운 스님에게 묻기를 "부모의 몸을 빌리기 전의 네 얼굴을 아느냐?" 하니, 형운 스님이 답을 못하고 있다가 가르쳐 달라고 졸랐지. 그러자 이안 선사는 "내가 지금 가르쳐 주면 훗날 네가 나를 원수로 여길 것이다."라고 하시며 가르쳐 주질 않았지. 그 후 형운 스님은 작은 암자를 짓고 대나무를 심으며 지냈는데, 어느 날 돌멩이를 던진 것이 대나무에 맞으며 '딱' 소리 내는 것을 듣고 이안 선사의 질문한 것을 깨달았다는 게야. 선이란 화두를 들고 앉아 있는 것만 선이 아니야. 염불과 간경(看經)에서 일심으로 들어가면 모두 선이 되는 것이지.

〈질문〉 선 수행을 다시 활성화할 방안이 없겠습니까?

〈답〉 사람마다 공부하는 방법은 다르겠지만, 사실은 선 수행 아님이 없지. 만약 이 세상과 자신이 둘 아닌 경지가 된다면 그것이 모두 선이지. 그런데 처음부터 그게 잘되지 않는 것이라. 그래서 처음엔 조용한 곳을 마련하여 좌선을 하는 것이지. 그러나 어디 선이 모양에 있는가. 끊어지지 않는 삼매의 맛을 봐야 비로소 선을 안다고 할 수 있겠지. 그저 앉아 있는 사람이 많다고 선불교가 활성화되는 것은 아니지. 절이 적다고 불교가 망하는 것도 아니고, 좌선하는 사람이 적다고 선이 사라지는 것도 아니지.

〈질문〉 근래에 들어 대중불교운동의 확산에 따라 재가 불자들이 크게 늘어나는 추세입니다. 그러나 대부분이 알음알이 불교에 치우치고 있는 것도 사실입니다. 재가자들이 불교를 올바로 깨닫는 방법이 있겠습니까?

〈답〉 요즘 사람들이 알기는 많이 알지. 그러나 많이 알수록 교만해지고 아만이 높아지니 부처님의 가르침과는 멀어지지. 낮에는 부지런히 생활에 힘쓰되 밤에는 조용히 앉아서 자신을 응시해야 해. 우리는 본래 이 세상에 온 일도 없고, 사는 일도 없고, 죽어 가는 일도 없는데 사람들이 그걸 몰라. 그래서 모두 괴로워하는 게야. 그러니 자기를 깨닫는 것을 게을리하지 말아야지.

〈질문〉 선이란 한 경지를 터득하여 견성하는 것이 아닌지요.

〈답〉 선방에만 있다고 깨닫는 것은 아니야. 백에 한둘 정도 깨달을까? 다생으로 익혀온 버릇이 있어서, 그것 때문에 어려워. 그래서 염불이나 예참을 병행하면서 힘을 기르는 것이 중요해. 특히 염불삼매가 깨닫는 데 매우 큰 도움이 되지.

〈질문〉 동림사 법당에는 지장보살님을 모셨던데요?

〈답〉 지장보살님은 일체 중생을 키워 부처가 되게 하겠다는 분이지. 어떤 중생의 씨앗이라도 자비로운 마음 땅(地)에 품어(藏) 멋진 나무로 자라게 하여, 이윽고 깨달음의 열매를 맺게 하려는 원력을 세웠지. 나도 세세생생 지장보살처럼 살고 싶은 것이야.

〈질문〉 선서화(禪書畵)를 하시게 된 특별한 동기라도 있으신지요?

〈답〉 선서화라는 것은 마음을 비우고 우주라는 화선지 위에 무심을 그리는 것이지. 뭐, 나도 그런 흉내를 내어 본 것이지.

〈질문〉 공부를 잘하는 방법이 있는지요.

〈답〉 공부를 시작할 때는 거슬리지 않는 환경에서

시작하는 것이 좋지. 그런 점에서 초보자는 선방에서 공부하는 것이 좋아. 그러나 공부의 힘이 생겨 한결같은 경지가 유지된다면 이번엔 거슬리는 곳에서 공부를 해야 해. 즉 사람들 속에서 부대끼면서도 한결같은 경지가 유지되는지를 확인해야지. 어떤 경우라도 한결같은 삼매가 유지된다면 천하에 누가 그 사람을 괴롭게 하겠어.」

기자가 대담을 하면서 들은 대로 정리를 한 것이었는데, 오랫동안 스승님을 모시면서 항상 들었던 말씀인지라 그 핵심을 다시 정리한 것이다. 또한 일관성이 없는 대화는 과감하게 생략했다. 이 글을 읽는 분은 오직 내 스승님 한산 화엄 선사의 마음만을 살펴 공부에 보탬이 되길 바랄 뿐이다.

▣ 1988년 6월 1일에 발행된 월간 '대원'의 표지에 실린 스승님의 모습.

대중불교 시대를
펼치는 운동지
대원
Monthly Magazine Dae Won
권두 인터뷰
종교는 마음을 채워주는가
특별좌담
긴급취재
특집 · 문화재보호법, 이것이 문제다
6

寒山華嚴
70

<등불>지의 원고

1990년 1월 초에 통도사 강원 학인 스님 둘이 총무원으로 나를 찾아왔다.

"선화(禪畵)를 그리는 스님들을 연재하고 있는데, 화엄 큰스님에 대한 글을 좀 써 주십시오."

"범어사에 부탁하면 될 것을 왜 서울까지 올라왔나요?"

"범어사에 부탁했더니 화엄 큰스님에 대한 글을 쓸 분은 상좌이신 송강 스님밖에 없다며 추천했습니다."

그렇게 해서 참 조심스런 글을 쓰게 되었다. 다음 글은 통도사에서 발행하던 월간 〈등불〉지 1990년 2월호에 실렸던 글이다.

「스님은 멋쟁이시다.

스님 얘기를 해주신 선배 스님들은 한결같이 "화엄 스님은 멋쟁이"라고 하셨다.

평소 스님께서는 자주 이런 말씀을 하셨다. "멋있는 세상 한 번 멋들어지게 살아보게. 그러나 죽음에 이르러 남이 뱉어 놓은 찌꺼기를 되씹지 말고, 자기 소리를 한마디쯤은 할 수 있어야겠지."

스님이 멋스럽게 보이는 것은 명예나 물질에 대한 무심(無心) 때문일 것이다. 중학교 시절 선암사에 계시던 스님을 찾아뵙고 장난을 치면서도 그런 생각을 했고, 고등학교 시절 범어사 유나(維那-선원장을 겸임)를 맡고 계실 때 스님 방에서 라면을 끓여 먹거나 같이 배드민턴을 치면서도 그런 생각을 했었다.

스님은 출가 후 평생을 선객(禪客)으로 지내셨지만, 도(道)니 선(禪)이니 하는 말을 별로 좋아하지 않으셨다. 신도들이 공부를 한답시고 선(禪) 지도를 부탁드리면 "세상에 선(禪) 아닌 것이 없고 도(道) 아닌 것이 없지만, 사람들이 선의 맛을 모르고 도를 멀리할 뿐이다."라고 일축하시고는 밭으로 데리고 가서 일만 시키셨다. 그런 성품을 지니셨기에 시봉(侍奉-제자)들에게도 당신의 수행 방법을 강요하지 않으셨고, 또 공부에 대한 구체적인 설명도 없으셨다. 지금 생각해 보면 참으로 고마우신 일이다.

74년 범어사 주지 소임을 그만두시고 김해 영구암(靈龜庵)으로 거처를 옮기면서부터, 스님은 농부와도 같은 생활을 시작하셨다.

낮에는 나무를 하거나 밭을 일구거나 아니면 길을 고치거나 하면서 결코 쉬시는 법이 없으셨다.

특히나 급경사에 큰 바위를 쌓아 밭을 만드는 것은 쉬운 일이 아니어서, 마을에서 온 일꾼들도 사흘을 못 견디고 내려갔다.

스님께서는 그 힘든 일을 하시고도 주무시는 일이 없었다. 깊은 밤 혹은 이른 새벽에 스님 방 곁을 지나노라면, 촛불 속에 돌부처처럼 앉아 계시던 모습이 너무 크게 다가와 얼른 발소리를 죽이곤 했었다.

스님의 달마상은 대장간 담금질과 같은 정진 속에서 이루어진 것이다. 이른 아침 혹은 공양 후 틈틈이 잡으시는 붓끝에서 결코 달마가 탄생할 수는 없는 것이다. 먹으로 된 그림이야 붓끝에서 나온다지만 살아있는 달마가 어찌 붓과 먹으로만 되겠는가.

어느 해이던가. 평소 큰 신세를 지고 있던 거사님에게 달마상을 한 점 얻어다 드렸더니, 숨을 멈추고 보다가 이렇게 말했었다. “달마 스님의 안광

(眼光)이 이와 같았다면 능히 양무제에게 호통을 쳤을 것이고, 혜가 스님은 팔을 자를 수밖에 없었을 것이다."

스님께는 두 가지 원력(願力)이 있다. 보현보살과 지장보살의 원력이 그것이다. 두 보살님의 원력이 근본이야 다르겠는가마는, 분별해 보면 보현행원(普賢行願)은 부처님께로 향하고 지장본원(地藏本願)은 중생에게로 향하는 것이다.

영구암에 계실 때 스님께서는 삼라만상을 깨워 예불시키려는 듯 꼭두새벽에 〈보현행원품〉을 낭랑히 독송하셨다. 시봉들은 그 소리에 깨어 예불을 준비하곤 했다.

스님께서 현재 주석하시는 동림사(東林寺)에는 지장보살님이 본존(本尊)으로 모셔져 있다. 그래서 대웅전(大雄殿)이 아니라 대원보전(大願寶殿)이다. 모든 중생을 다 제도하기 전에는 결코 성불하지 않겠다는 지장보살의 원력이 곧 스님의 원력이 되어

버린 것이다. 이 지장 사상을 널리 펴시고자 스님은 지장보살상을 그리신다. 출가해서도 어머님을 모셨던 그 마음으로, 돌아가신 어머님을 위해 〈지장경〉을 사경(寫經)하셨던 그 정성으로, 중생들을 위해 한 번 법당에 드시면 목탁을 치며 밤을 밝히시던 그 사랑으로 지장보살상을 그리신다.

스님의 붓끝에서 화현(化現)하시는 지장보살상은 달마상과는 판이하다. 달마상이 반야를 상징하듯 날카롭고 강하다면, 지장보살상은 자비를 상징하듯 부드럽고 온화하여 보는 이로 하여금 편안케 한다.

왜 그림을 그리시게 되었냐고 누군가가 여쭈면, 일부러 망상을 피우려 그랬다고 하시면서 스님은 웃으셨다. 그 망상(?)의 조화인 선화(禪畵)에 반해 스님을 찾게 된 각계각층의 사람들이 이윽고 신도가 되었고, 그들이 희사한 정재(淨財)로 억새풀만 가득하던 옛 가람 터에 스님께서는 동림사 대작불사(大作佛事)를 성취하셨다.

어느 해 출장 중에 스님을 뵙고자 동림사에 들렀더니, 일본 임제종 수좌들이 몇 명 와 있었다. 임제종의 선(禪) 지도법사로 추대되어 있었던 것이다. 일본에서의 선서화전(禪書畵展)이 인연이 되어 몇 번 법문을 하셨고, 그 후 임제종의 요청에 응하셨다는 것이다.

이런 일들이 스님의 방편력(方便力)이 아닌가 생각된다.

20여 년 전 스님 앞에 앉았노라면 온몸으로 전해오는 '자유'가 있었다. 시간과 공간을 초월해 버린 '영원'이라는 것이 거기에 있었다. 그러나 20여 년이 지난 지금 스님 앞에 앉으면 오히려 '자유'마저도 찾아볼 수 없다. 그 자리에는 '영원'마저도 사라져 버린 듯하다. 단지 스님의 붓끝에서 되살아나는 '한산(寒山)과 습득(拾得)'을 통해 온몸으로 전해지는 웃음이 있을 뿐이다.

이제 강권(?)에 못 이겨 스님에 관한 때 묻은 글을 썼으니, 올 설에는 몽둥이나 한 짐 짊어지고 가야겠다.」

그 뒤 스승님을 찾아뵈었더니 〈등불〉지를 내어놓으시며 이렇게 말씀하셨다.

"자네는 내 마음을 다 들여다보았군 그래."

등불

2534 2

단기 사천삼백이십삼년 통도사

禪師說法/이 대중 속에 송장을 살려낼 자가 있겠는가…
특집/달라이라마와의 인터뷰
번역/수미산과 극락세계 Ⅰ
가정한방 藥性歌 Ⅹ/이래도 계속 육식을?!
선화를 그리시는 스님들/한산 화엄스님
대성산의 메아리/철원 중동부전선의 편지
엄마가 들려주는 베갯마루 이야기/구름이야기

▣ 은사 스님의 한산습득도가 표지 그림으로 실린
1990년 2월호 통도사 '등불'지.
(스캔)

◆한산습득도(寒山拾得圖)의 게송

오심사추월(吾心似秋月)
내 마음은 가을 달과 같고
벽담청교결(碧潭淸皎潔)
푸른 못은 맑고 깨끗하네.
무물감비륜(無物堪比倫)
무엇으로도 비교할 것 없거니
교아여하설(敎我如何說)
내게 어떻게 말하라고 하는가.

▣ 1990년 2월호 통도사 '등불'지에 실린
은사 스님의 달마도.
(스캔)

◆달마도(達摩圖)의 게송

일할천지진동(一喝天地振動)
일방수미분쇄(一棒須彌粉碎)
한 번의 고함소리에 천지가 흔들리고
몽둥이질 한 번에 수미산이 부셔진다.

▣ 1990년 2월호 통도사 '등불'지에 실린
은사 스님의 작업 사진.
(스캔)

▣ 1990년 2월호 통도사 '등불'지에 실린
은사 스님의 지장보살과 한산습득도.
(스캔)

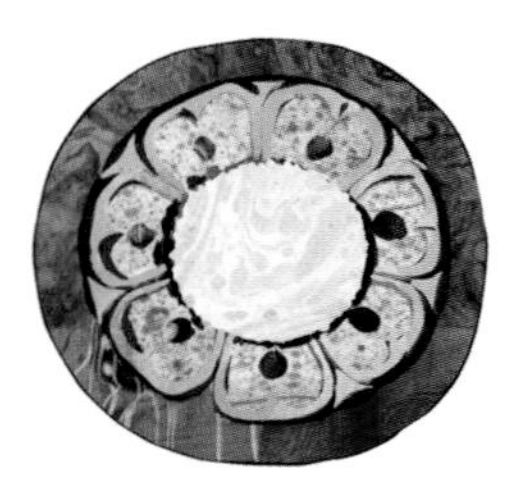

寒山華嚴

71

사제의 학비

요즘 젊은 스님들은 상상할 수 없는 일이 예전에는 많았다. 그 가운데 하나가 학비와 용돈이다. 내 경우는 차비와 학비 등을 모두 합쳐 스승님으로부터 받은 전체 액수가 평생 50만원을 넘지 않았다. 그나마 중앙승가대학에 다녔기에 그 정도를 받았다. 요즘은 장학제도가 워낙 잘 되어 있으니 까마득한 옛 애기겠으나, 아직도 석사 박사과정을 공부하거나 병마에 시달리는 스님들은 금전적인 애로가 클 것이다.

지금의 중앙승가대학은 도서관이 잘 되어 있는 셈이다. 하지만 나는 도서관이 없던 1980년대 초기에 5년간을 공부했다. 그 기간 동안 불교의 모든 과목을 섭렵하려다 보니 필요한 대장경과 외국논문집 등이 엄청 많았다. 대장경 몇 종류와 기타 책들을 개인적으로 구입했는데, 졸업 후에 그 비용을 계산해보니 3천만 원이 넘었다. 물론 부지런히 법문을 하여 받은 법사비로 충당하기도 하고, 때로는 주지 스님들이 법사비 외의 큰돈을 주시면서 책 사라고 도와주었기에 가능한 일이었다. 그럼에도 졸업 후 수년 동안 외상으로 산 책값을 갚아야 했다.

일반인들이나 불자들은 이보다 훨씬 더 복잡한 수행자의 재정적 사정을 거의 모른다. 사실 알 필요도 없겠지만, 안다고 해도 도와주는 이 드물다. 대개는 출가 수행자가 왜 돈이 필요하냐거나 종단은 뭘 하느냐는 비난성 얘기만 하기 마련이다. 출가수행자도 물과 공기로만 사는 것이 아니다. 그리고 알고 보면 대한불교조계종 종단 살림이라는 것이 대형교회 하나만도 못하다.

내가 학교를 졸업하고 총무원 국장 소임을 살 때 사제(師弟)가 중앙승가대학에 입학했는데, 내게 등록금을 부탁하는 것이었다. 당시의 국장보시 35만 원으로는 숙소로 쓰던 봉국사 뒤채의 난방비와 거마비 등의 지출로 지방에서 다니러 온 도반들 공양대접도 제대로 할 수 없는 형편이었기에 참 난감했다. 어렵게 한번 등록금을 마련해 주고는 시간을 내어 함께 스승님을 찾아뵈었다. 그리고는 스승님께 청을 올렸다.

"스승님! 저는 장학금으로 등록금을 면제 받았고, 또 법문을 잘한다는 소문 덕분에 책값이나 차비 등을 스스로 마련해서 쓸 수 있었습니다. 하지만 사제는 저처럼 경험이 풍부하지 못하기에 불가능합니다. 스승님께서 매 학기 등록금과 매달 용돈을 얼마간 마련해 주셨으면 좋겠습니다."

"알았네. 그러도록 하지."

1980년대 후반의 스승님은 동림사 불사로 인한 부채가 많았지만, 곧바로 결정하시고 승낙하셨다. 덕분에 사제들은 학비나 용돈 걱정을 크게 하지 않아도 되었다. 그때까지 어떤 경우에도 돈 얘기를 하지 않던 내가 사제들의 문제로 청을 올리자 실제 상황을 곧바로 알아차리신 것이었다.

스승님을 대하면서 나는 필요 없는 설명을 드린 적이 없다. 스승님께서도 불필요한 질문을 하지 않으셨다. 공부가 깊으셨기에 결정도 빠르셨다.

▣ 스승님께서 말년까지 삼매에 드셨던
천불선원(千佛禪院) 앞에서의 한때.

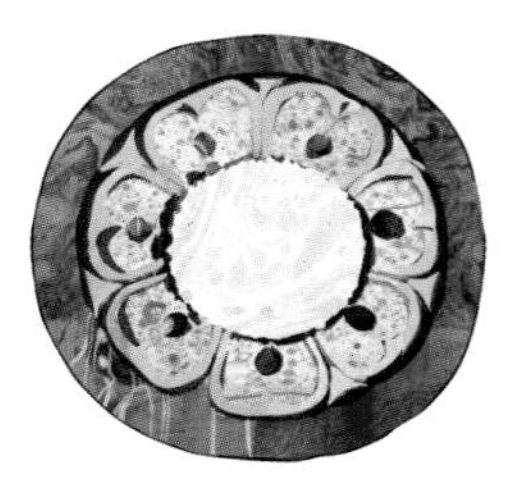

寒山華嚴

72

정화불사(淨化佛事)

일제로부터 해방된 이후의 한국불교사에 최초의 가장 큰 사건으로 '정화불사(淨化佛事)' 또는 '정화운동(淨化運動)'이라는 것이 있었다. 1954년부터 1962년까지 계속된 '정화불사(淨化佛事)'는, 한국불교 안에 뿌리 깊게 자리 잡은 왜색(倭色)을 몰아내고 한국불교의 전통을 재건하자는 취지의 불교 내 자정운동이었다.

일제강점기 이전의 한국불교는 철저하게 독신 출가자로 구성되어 있었다. 일제강점기가 되자 일본유학승들은 결혼을 합법적으로 생각하는 일본의 불교계를 보게 되었고, 조선총독부도 결혼한 스님들에게 사찰의 주지를 맡겨 일본식의 종단을 만들기 시작하였다. 해방이 되었을 때의 종단은 일본식이었고, 본사를 비롯한 큰 사찰들의 주지는 모두 결혼한 스님들이었다. 독신으로 수행하던 비구들은 작은 암자나 혹은 선원에서 눈칫밥을 먹으면서 힘들게 수행해야 하는 상황이 이어진 것이다.

스승님의 말씀으로는 1953년 이승만 대통령이 범어사를 방문하자 동산(東山) 큰스님께서 삼보사찰인 통도사, 해인사, 송광사와 선찰대본산(禪刹大本山)인 범어사를 비구승의 수행사찰로 활용할 수 있게 도와 달라는 부탁을 했다고 한다. 하지만 기존의 승단에서는 이 소식을 듣고 오히려 동산 큰스님을 쫓아내려고 온갖 박해와 횡포를 일삼았다. 이러한 상황을 지켜보던 선원수좌들이 결집하기 시작했다. 이윽고 1954년 5월 20일 이승만 대통령이 '전통불교사원에서 대처승은 물러가라'는 요지의 유시를 내린 것이 발단이 되어 비구승과 대처승(결혼한 스님)의 대립으로 치닫게 되었다.

그 당시 동산 큰스님은 효봉, 청담, 금오 등의 큰스님과 뜻을 같이하여 정화불사를 계속했고, 비구승단의 종정으로 추대되면서 태고사(현 조계사)는 마치 전쟁터의 사령부를 방불케 되었다고 한다.

그 당시 태고사의 정화불사에 함께했던 지족(知足) 사형님으로부터 스승님의 활약에 대한 얘기를 여러 차례 들었는데, '경주의 생불' 얘기를 해 준 도각스님으로부터도 비슷한 얘기를 들었기에 간략하게 옮겨 본다.

「아마 화엄 스님 아니었으면 정화불사가 어려웠을지도 몰라. 대처승 쪽에서 전국의 유명한 깡패들을 동원해서 정화불사의 핵심 인물인 동산 큰스님을 제거하고 조계사에서 비구승들을 쫓아내려고 수시로 쳐들어 왔었지. 그때 화엄 스님을 포함한 무술의 고수가 세 분 있었는데, 동산 종정 스님은 상좌인 화엄 스님이 지켰지. 화엄 스님은 뛰어난 유도 솜씨로 조계사를 쳐들어오는 깡패들 수십 명을 순식간에 집어던지곤 했는데, 그 깡패 두목들이 나중에는 화엄 스님의 인품에 반해 오히려 90도로 인사를 하면서 "큰형님 나오십니까!" 하더라고. 화엄 스님이 웃으시며 "큰형님이 뭐냐? 스님이라고 해라!" 하시며 어깨를 툭툭 쳐 주곤 했지. 그런 후로는 깡패들이 돈은 저쪽에서 받고는 싸우는 시늉만 했어. 나중에는 화엄 스님과 같이 국수도 먹고 그러더라고. 모두 화엄 스님 법력이라고 해야겠지.」

▣ 스승님께서 오랜 원력으로 복원하신
동림사 계단에서 생각에 잠기신 모습.

寒山華嚴

73

최고의 도반

1980년대 말쯤이었을 것이다. 충청도의 모 사찰에서 부처님 모시는 의식을 하면서 겸하여 큰스님 초청법회를 열었다. 초청법사로 모시는 분이 화엄 큰스님이라고 공지가 뜨기에 알아봤더니 사실이라는 것이었다. 그리고는 사찰이 협소해서 큰스님을 모실 숙소가 마땅치 않아 온양온천에 모셨으니, 법회 당일 내가 좀 모실 수 있냐고 물어왔다. 마침 총무원이 쉬는 휴일이었기에 그러마고 했다.

법회를 하는 아침 일찍 알려주는 숙소에 도착해 보니 스승님과 지유(知有) 사숙님이 계셨다. 두 분은 사형제 간이면서 또한 둘도 없는 최고의 도반이라는 말을 수없이 들었지만, 초청법회에 두 분이 오신 것이 이상했다. 나중에 알게 된 사연은 이러했다.

원래 스승님을 초청법사로 모신 것인데, 스승님께서 살림살이에 어려움을 겪는 범어사 원효암의 지유 사숙님께 법사거마비(법사를 존중하는 뜻에서 드리는 여비)를 마련해 드리려는 마음을 내신 것이었다. 그래서 지유 사숙님이 초청법사인 것처럼 말을 전하여 함께 온 것이었다. 두 분은 오랫동안 함께 다니며 수행하셨으며, 나중에 동산 노스님으로부터 함께 입실제자(入室弟子-깨달음을 인정받은 제자)로 인정받으셨다. 실제로도 두 분은 가장 뛰어난 수행자로 서로를 인정하셨다고 한다. 내가 스승님으로부터 직접 들은 말씀도 지유 사숙님의 공부를 인정하시는 내용들이었다.

법회 시간이 되어 두 분을 모시고 사찰로 갔는데, 법당이 워낙 협소해서 마당에 법회 자리를 마련해 놓았었다. 지유 사숙님이 위에 마련해 놓은 법좌에 올라 법문을 하셨고, 스승님은 아래에서 법문을 듣는 상황이 되었다. 법사 자리는 햇볕을 가리는 장치가 되어 있었지만, 스승님께서 앉아계신 자리는 뙤약볕이었다. 그때 나는 스승님의 바다 같은 마음을 또다시 확인했었다. 자신이 초청법사였음에도 도반인 지유 사숙님을 위해 법사자리를 기꺼이 내어주시고, 게다가 뙤약볕에 앉아 몇 살 아래인 사제의 법문을 듣는다는 것은 아무나 할 수 있는 일이 아니었다. 법문이 끝났을 때 스승님의 옷은 땀으로 다 젖어 있었다.

방으로 들어가시어 가사장삼을 벗으시며 지유 사숙님께서 스승님께 말을 건넸다. “어때, 오늘 법문 괜찮았나? 잘못된 데 없지?"

그러자 스승님께서 호탕하게 웃으시며 말씀하셨다. "그럼! 오늘 법문 최고였어. 역시 지유당(知有堂)이야!"

어린애들처럼 주고받는 말씀을 들으며 나는 도반의 참 의미를 깨달았다.

*** 지유 사숙님은 현재 금정총림(金井叢林) 범어사의 방장(方丈) 스님이시다. ***

▣ 1990년대 스승님을 찾아뵈었을 때,
기도 들어가시기 전 잠시 쉬시던 모습을 촬영.

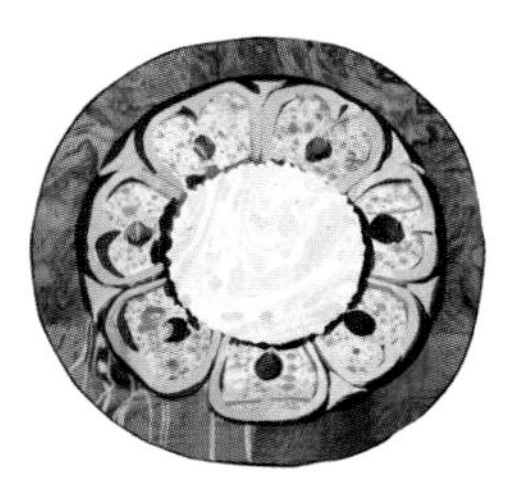

寒山華嚴
74

미타사 봉불식

나는 1987년부터 총무원 국장 소임을 맡게 되었는데, 몇 년이 지나자 내 소임인 재정국장의 업무와 상관이 없는 각종 행사 기획과 진행지휘 등을 도맡아 하게 되었다. 그러한 활동을 좋게 보신 부장스님들이 내게 주지 자리를 마련해 주려고 몇몇 사찰을 거명하면서 선택을 하라고 했다. 하지만 누가 보아도 낙하산 인사라는 판단을 할 일이었다. 게다가 워낙 좋은 사찰들이라서 누가 주지를 맡아도 무리 없이 소임을 볼 수 있는 곳이기도 했다. 그런 이유로 두 번의 기회를 사양했다.

1992년 부처님오신날 봉축행사가 끝났을 때 총무원에서 그간의 내 노력 등을 높이 평가해서 총무원장 표창패를 주었다. 그런 후 다시 주지를 맡아야 하지 않겠냐는 타진이 있었다. 하긴 고려대장경을 비롯한 수천 권의 장서를 보관할 장소가 필요하기도 했다. 그래서 아주 볼품없는 절이 있다면 가겠노라고 했는데, 김포공항 건너편 개화산 자락 미타사의 주지 임기가 다 되었다는 것이었다. 하지만 미타사의 관리를 맡고 있던 비구니(엄격히 말하면 무속인에 가까웠다)는 몇 가지 조건을 내걸고 다른 스님들이 주지로 들어가는 것을 막무가내로 막고 있었다. 워낙 험악해서 자칫 큰 사고라도 날 판국이었던 것이다. 오두막 같은 절인데다가 이미 있는 비구니가 그 지경이었기에 몇 스님이 미타사 주지를 맡으려다가 포기했다는 소식도 듣게 되었다.

세상사는 참 묘한 것이었다. 내가 잠시 총무 국장을 하면서 어려움에 처한 미타사의 문제를 해결해 준 일이 있었다. 그래서 미타사의 비구니가 나를 은인처럼 생각했었다. 총무원에서 주지 임명장을 받은 나는 직접 만나 사정을 얘기하며 설득했다. 그리고 도움이 필요하면 얼마든지 말하라고 했더니 몇 가지 조건을 제시했다.

그 조건을 다 들어주고 몇 개월 늦게 미타사 주지 소임을 시작하게 되었는데, 절을 다시 만들다시피 해야 할 사정이었다. 몇 개월에 걸쳐 공무원들과 의논해가며 아카시아 수십 그루를 제거하고 주차장을 닦은 후, 미륵전에 반쯤 묻혀 있던 고려시대 조성의 미륵불을 옮겨 모시기로 했다. 미타사 마당에서 북쪽으로 큰 암반이 있는데, 그 주위를 대충 정리한 후에 그 암반을 좌대로 삼아 미륵불을 올려 모셨다.

미륵불을 모시고 나니 많은 불자들이 땅바닥에

서 기도를 하기 시작했기에, 나는 사형사제들과 의논하여 12월 한겨울에 스승님을 증명법사로 모시고 봉불식(奉佛式)을 봉행했다. 흙더미 위에 임시로 만든 법석에서 스승님은 멋진 법문을 해 주셨다.

봉불식을 마친 후에 스승님께서는 차를 드시며 이런 말씀을 해 주셨다.

"수행자는 항상 좋은 도량을 만들어야 해. 크고 화려해야 멋진 도량이 되는 것은 아니지. 어떤 환경이든 정법을 펼치면 그곳이 최고의 도량이 되는 게야!"

▣ 1992년 12월, 강추위 속에 정리도 안 된 흙더미에 임시법석을 마련하고 봉불식을 봉행했다.
– 스승님과 사형사제.

▣ 좁은 미륵전에 반쯤 묻혀 있던 고려시대 조성 석조 미륵불을 큰 암반을 좌대 삼아 올려 모신 모습.
(왼쪽에서 측면을 촬영.)

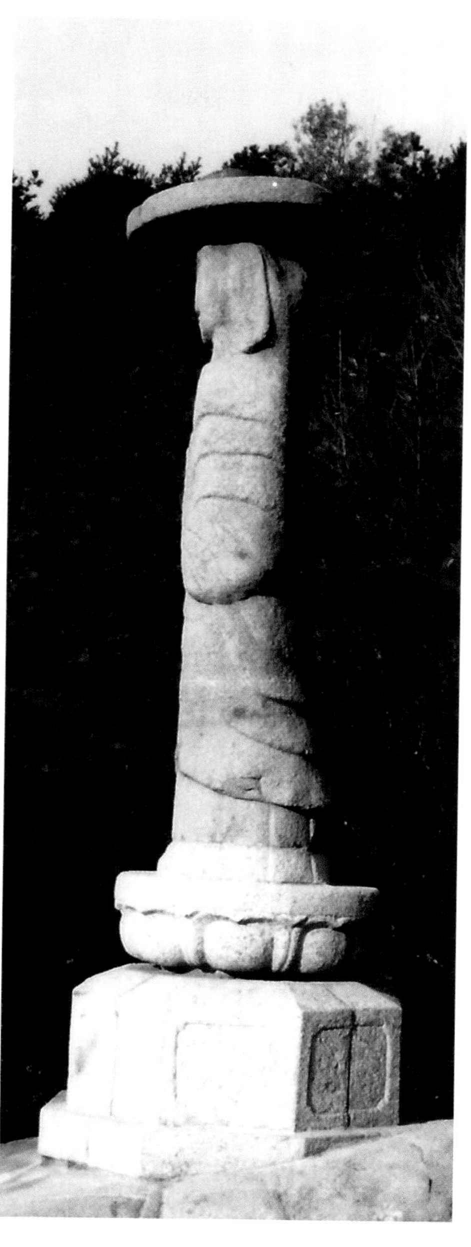

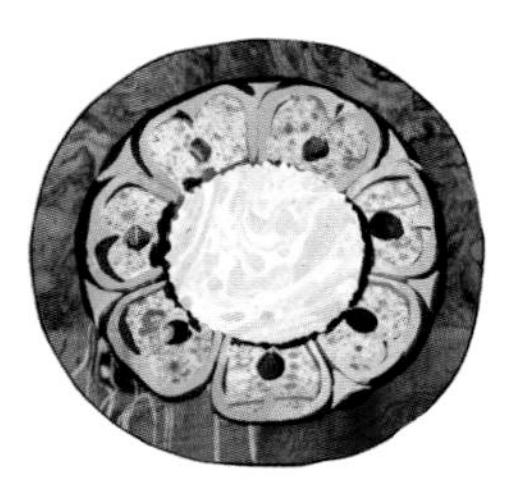

寒山華嚴
75

차 생활

대부분의 큰스님들께서 그러하셨듯이 스승님께서도 일상을 늘 차와 함께하셨다. 내가 불교학생회 신분이었던 어린 시절에도 스승님의 방에는 차가 있었고, 70년대 김해 영구암에서는 매일 내가 직접 하루 몇 번씩 차를 우려 올렸다. 80년대 동림사를 창건하신 후부터는 내가 총무원 국장 소임과 방송 및 미타사 주지로서의 소임 때문에 자주 찾아뵙지를 못하였는데, 동림사로 인사를 올리러 갈 때마다 언제나 스승님께서는 직접 신도들에게 차를 우려내시었다. 스승님께서는 매일 몇 시간씩 기도를 하셨는데, 그때마다 말차 사발(茶碗)에 차를 담아 공양을 올리셨다.

그런데 주변에 차를 좋아하는 이들이 없어서인지 다기(茶器)나 차의 품격이 썩 좋은 편이 아니었다. 스승님께서 드시는 차도 그렇지만, 공양을 올리는 차가 좋지 않아서는 곤란하겠다는 생각이 들었다. 그래서 갈 때마다 녹차와 보이차 등을 챙겨다 드렸고, 은으로 만든 탕관(湯罐)과 자사호(紫砂壺) 등을 준비해 올렸다. 그러나 스승님께서 직접 물으시기 전에는 전혀 설명을 드리지 않았다.

스승님께서는 그 모든 것들을 잘 기억하셨다. 그다음에 인사드리러 가면 반드시 내가 드린 것들에 대한 말씀을 하셨다. 은 탕관을 쓰니 물맛이 더 좋아졌다고도 하셨고, 내가 준 보이차(普洱茶)는 다른 사람들이 준 것보다 월등하게 맛이 좋았다고도 하시면서 차에 대해 물으셨다. 그제야 나는 그 차가 동경호 또는 정흥호라는 아주 오래된 특급 골동차라는 것을 말씀드렸다. 또 한 번은 찾아뵙고 인사를 드렸더니 내가 드린 자사호를 들고 나오셔서 말씀하셨다. "송강 수좌가 준 다호는 좀 다르던데. 내가 홍콩에 갔을 때 다호를 많이 사 왔거든. 그런데 사용해 보니 여기저기가 떨어져 나가서 이젠 송강 수좌가 준 것만 남았지 뭔가. 이건 어떤 것인가?" "예, 그건 청대(淸代) 자사호(紫砂壺)입니다. 스승님께서 홍콩에서 사신 것은 관광객들에게 파는 싸구려입니다. 낮은 온도에 구운 것이라 뜨거운 물로 차를 우리다 보면 손잡이나 주둥이 등이 떨어져 나가기도 합니다. 이 자사호는 깨트리지만 않으면 오래 쓰실 수 있습니다." "자네 덕분에 좋은 차와 좋은 다기를 쓸 수 있군 그래. 고마우이." 스승님께서는 기쁜 얼굴로 껄껄 웃으셨다.

만약 스승님께서 차를 가까이 하지 않으셨고 또

불단에 차 공양을 올리지 않으셨다면 스승님께 선물 드리는 기쁨도 없었을 것이고, 또한 스승님께서 기뻐하시는 모습도 뵐 수가 없었을 것이다. 이제는 아득한 그리움일 뿐이다.

▣ 1990년대 중반쯤 스승님께 선물을 드렸던 것과 똑 같은 은제 탕관.

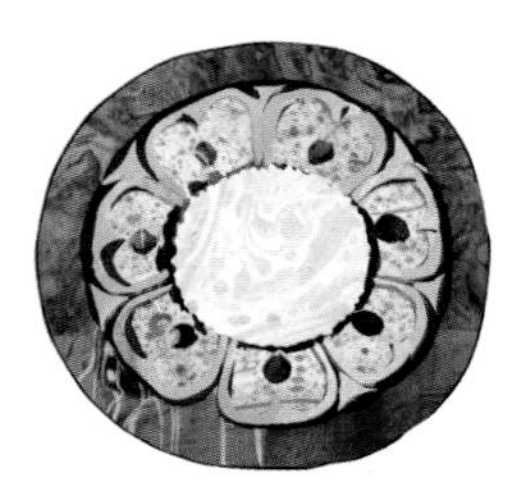

寒山華嚴
76

사경(寫經)과 침향

칠순에 접어들자 스승님께서는 기도와 작품을 하시는 외에 사경(寫經)을 시작하셨다. 이전에 『지장본원경(地藏本願經)』과 『금강경』 등을 사경하신 일이 있는데, 이번에는 방대한 『화엄경(華嚴經)』의 사경을 시작하셨다. 스승님께서는 경학에도 밝으셨는데, 특히 『화엄경』에는 가르치던 강사 스님보다도 더 밝으셨기에 동산 노스님께서 화엄(華嚴)이라는 법호를 내려주셨다고 했다.

스승님께서는 법당에 한번 드시면 보통 두세 시간 정도 기도를 하셨기 때문에 건강을 생각하여 침향(沈香)을 구해드렸다. 나는 1992년에 알타이하우스의 조관준 사장님 도움으로 침향을 구하게 되어 기도할 때 계속 사용해 왔다. 당시 대만에서도 침향 선향(線香)을 생산하고 있었지만 좀 거친 느낌이라서 일본향당(日本香堂)에서 베트남 침향으로 법제한 가라대관(伽羅大觀)을 구입하여 신도들도 법당에 공양 올리게 했던 것이다. 싸구려 향은 인체에 해로운 성분이 너무 많이 배출되기에 건강에도 좋지 않았고, 부처님께 싸구려 나쁜 향을 올릴 수도 없었기 때문이었다.

스승님께 공양 올린 것은 특급의 가라대관(伽羅大觀)이었다. 가라(伽羅)는 인도말 발음을 한자로 옮긴 것인데, 최고의 침향을 가리키는 말이다.

어느 때 스승님을 뵈러 동림사에 들렀더니 스승님께서 곁에 향을 피우시며 사경을 하시는 것이었다. 그래서 다시 조관준 사장에게 최고의 향을 알아봐 달라고 했더니 가라부악(伽羅富嶽)이 있는데 일본 왕실에서 주문할 때만 소량 생산한다는 것이었다. 일본향당에 특별히 부탁을 해서 가라부악을 구할 수 있었고, 스승님께 사경하시면서 사용하시라고 공양 올렸다.

얼마 후 다시 스승님을 뵈러 갔을 때 스승님은 향을 4등분하여 짧게 사용하고 계셨다. 다 쓰시면 다시 구해 드릴 테니 마음대로 피우시라고 말씀드렸더니 스승님께서는 이렇게 말씀하셨다.

"내가 무슨 복으로 이런 고귀한 향을 피우는지 모르겠네. 경전에서 왜 그토록 침향을 찬탄했는지 이제 겨우 이해가 된다네. 짧게 피워도 향이 몇 시간은 머물고 있으니 참으로 희귀한 향일세. 금생에 내가 이런 향을 만나다니……. 다 자네 덕분일세."

나는 깊이 허리를 숙여 스승님 말씀에 답례를 올렸다.

修菩薩行 以四攝事而曾攝受 一一佛所種善根時 皆已善攝種種方便教化成熟令其安立一切智道 種無量善獲衆大福 悉已入於方便願海 所行之行具足清淨於出離道已能善出 常見於佛分明照了 以勝解力 入於如來功德大海 得於諸佛解脫之門 遊戲神通 所謂妙燄海大自在天王 得法界虛空界寂靜方便力解脫門自在名稱光天王 得普觀一切法悉

▣ 스승님께서 말년에 사경하신 『화엄경』
한 쪽을 촬영해 놓은 것.

▣ 스승님께 공양 올렸던 특급가라대관(特級伽羅大觀-왼쪽 셋)과 극품 가라부악(極品伽羅富嶽-오른쪽 넷).

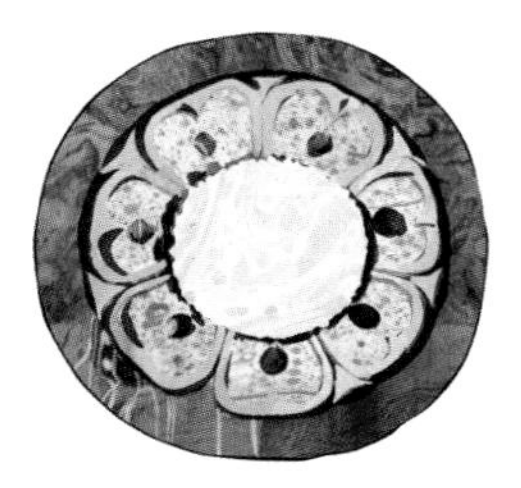

寒山華嚴

77

덕망 높은 스님

출가한 수행자는 젊은 시절 수많은 사찰을 옮겨 다니며 정진을 하게 마련이다. 이 과정에서 반드시 통과해야 할 관문이 있다. 바로 새로 들어가는 사찰에 방부(房付)를 들여서 허락을 받아야 하는 것이다. 방부란 그 사찰에서 수행을 하고 싶으니 기존의 대중들께서 허락을 해 달라는 청원서와 비슷한 것이다. 작은 사찰일 경우는 책임자 스님과 상의하여 즉시 답을 얻을 수 있지만, 큰 사찰의 선원

(禪院)이나 강원(講院-현 승가대학)일 경우는 방부 원서를 쓰고 기다려야 한다. 어른 스님들의 심사를 거쳐야만 하기 때문이다.

방부를 들일 때는 자신의 법명과 출가본사(出家本寺-행자생활을 한 근본 사찰)와 은사(恩師-출가를 받아 준 스승)스님의 법명을 밝혀야 한다. 대개의 경우 큰 문제가 없으면 방부를 받아주지만, 자신이 과거에 다른 곳에서 대중들에게 피해를 준 경우는 거절당할 수도 있다. 또 출가 초기에는 자신의 존재를 어른 스님들이 잘 모르기 때문에 은사(恩師)가 누구냐에 따라서 방부가 쉬울 수도 어려울 수도 있다.

나 역시 사찰을 옮길 때마다 방부를 들여야 했는데, 스승님의 법명을 대면 어른 스님들의 반응은 매번 같았다. 어른스님들은 "아, 화엄 스님 상좌인가? 그래 같이 살아보세!"라고 하시며 흔쾌히 받아주셨다. 며칠을 지내다 보면 어른 스님들이 기억을 하시고는 “자네는 언행이 화엄 스님을 많이 닮았군 그래!” 하시며 농을 하시곤 했다.

모시고 살 때 늘 헤아릴 수 없는 큰 어른이시라고 감탄하며 지냈지만, 밖에 나가 다른 어른 스님들의 말씀을 들을 때마다 스승님의 모습은 더욱더 커지기만 했다.

▣ 스승님의 생신을 맞아 당시 내가 주지로 있던 미타사 불자들과 함께 찾아뵙고 기념촬영을 한 것.
(1997년 필름사진을 스캔.)

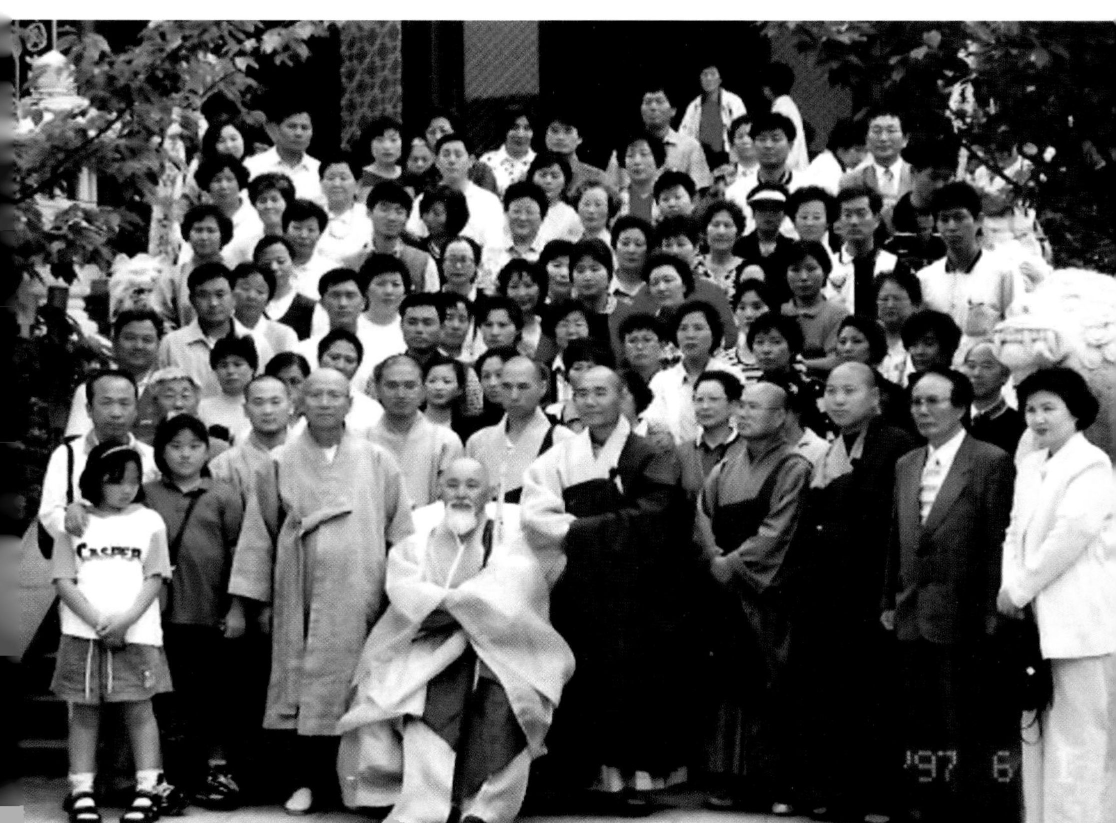

寒山華嚴
78

복 많은 스님

스승님과 함께 수행하셨던 어른 스님들을 뵐 때마다 늘 하시던 말씀이 있었다. 스승님은 유난히 복이 많은 스님이라는 것이었다. 그 가난하던 시절에도 스승님이 계시던 곳에는 항상 먹을 것이 풍족했다는 것이 공통적인 말씀이었다.

내가 스승님을 모시고 살았던 김해 신어산(神魚山)의 영구암(靈龜庵)만 하더라도 김해읍이나 국도로부터 30리 넘는 곳의 해발 600m정도 산에 위치한 곳이라서 대개 하루를 잡아야 다녀갈 수 있는 곳이었다. 그럼에도 불공을 드리는 분들이나 49재 또는 천도재(薦度齋)를 모실 분들이 산 아래쪽에 있는 큰절보다 더 많았다.

▣ 마지막까지 당신의 삶에 철저하셨던 스승님. 참선수행을 근본으로 삼으셨던 선사(禪師)였지만 다른 수행법도 무시한 일이 없었던 스승님. 말년에 경전을 보시던 모습.

어른 스님들께서 해 주신 말씀에 따르면 참선수행을 위주로 하던 사찰에 불공이 없어서 대중들이 거의 굶다시피 하던 상황이다가, 스승님이 수행하기 위해 머물게 되면 그 다음날부터 불공이 계속 들어왔다는 것이다. 어떤 분들은 이것을 전생에 쌓은 선업(善業)의 결과라고 했다. 그럴 수도 있을 것이다. 하지만 스승님의 삶을 곁에서 살펴본 바로는 특별한 점이 있었다. 대부분의 사람들이 따지길 좋아하는 옳고 그름이나 손익을 염두에 두지 않으셨다. 또 그냥 편하게 살 수 있음에도 다음에 살 사람을 위해 힘든 일을 마다하지 않으셨다.

스승님은 바다 같은 포용력을 지니셨다. 어떤 이들이 곁에 머물면 분명 스승님께 나쁜 평이 돌아올 일임에도 절대로 내치지 않으셨다. 제자들이 잘못했을 때 무섭게 나무라긴 하셨지만 떠나라는 말씀도 없으셨다. 그와 같은 모습 때문에 사람들도 모이고 복도 찾아온 것이리라. 꽃은 꼼짝도 하지 않지만 그 향기에 벌 나비가 찾아오는 법이며, 바다가 세상의 물을 끌어오려 하지 않지만 물이 저절로 모여드는 것과 같은 이치인 것이다.

불교적 해석으로는 전생(前生)의 선업(善業)이 금생(今生)에 영향을 미치는 것도 분명하지만, 금생의 모습을 결정해 가는 것은 어떤 마음과 어떤 태도로 살아가느냐가 더 큰 영향을 미치는 것이다. 모시면서 지켜 본 스승님은 남을 비난하거나 꺾으려 하지 않으셨다. 당신의 삶에는 철저하셨으면서도 타인에게는 한없이 너그러우셨던 분이셨고, 모든 것을 대중에게 베푸셨던 분이셨기에 다른 사람들에게는 복 많은 스님으로 비춰졌을 것이다.

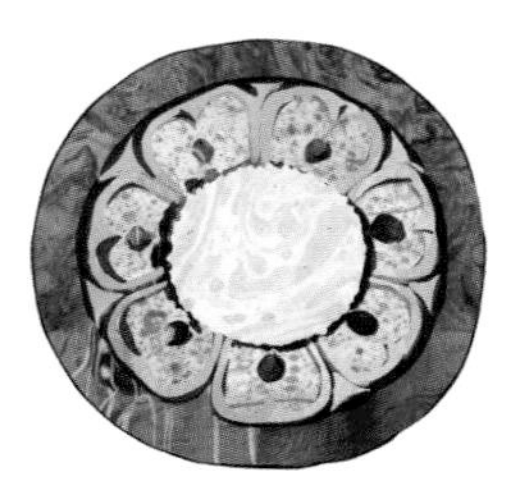

寒山華嚴
79

멋쟁이 스님

내가 만난 대부분의 어른 스님들은 스승님을 멋쟁이 스님이라고 했다. 하긴 중학생 시절부터 스승님을 지켜 본 나 또한 다른 스님들과 차별화되는 특징을 말하라고 한다면 멋쟁이 스님이라고 할 것이다.

스승님은 예술적인 분야에 뛰어난 능력을 갖추셨던 분이다. 영구암에 머무실 때는 가끔 단소로 영산회상곡(靈山會上曲)을 연주하셨다. 달 밝은 밤에 바위에 걸터앉아 연주하는 음악을 들으며 나는 인도 영취산(靈鷲山)에서 설법하시는 석가모니 부처님을 그려보기도 했다. 고등학교 때부터 『법화경(法華經)』을 지니며 독송했었기 때문에, 조선조 세종시대에 만들어진 영산회상곡을 나는 출가 이전부터 즐겨 들었다. 국악단원들이 연주한 장엄한 영산회상곡도 좋았지만, 개인적으로는 스승님께서 단소로 연주하신 그 가락에 훨씬 더 심취했었다. 스승님의 염불소리는 참으로 장엄했다. 스승님의 염불은 듣는 이들을 무아의 경지로 몰입시켰다. 이른 새벽에 듣는 보현행원품은 그대로 불보살의 세계를 펼치는 듯했다.

스승님은 가끔 의식에 사용하기 위해 종이로 옷이나 동물형상 등의 지물(紙物)을 만드셨는데, 가위로 쓱쓱 자르기만 하면 모양이 나왔다. 뿐만 아니라 조각칼을 들고 나무를 깎으면 불상이 조성되기도 했는데, 이러한 솜씨는 심심파적으로 잡으셨던 붓을 통해 선서화(禪書畵)로 빛을 발했다.

스승님은 교(敎)와 선(禪)에 능통한 분이셨다. 젊은 시절엔 경론에 밝았고, 특히 『화엄경(華嚴經)』에 대한 안목은 전문 강사스님들을 능가했기에 동산(東山) 노스님으로부터 '화엄(華嚴)'이라는 법호를 받으셨던 것이다. 참선수행을 주로 하셨던 어른 스님들은 모두 스승님의 수행의 깊이를 다 인정하셨다. 물론 동산 노스님으로부터도 인정을 받으셔서 다섯 분 입실(入室)제자에도 속하셨다.

어른 스님들이 스승님을 멋쟁이라고 하시는 내용은 위의 모든 것을 포함한 것이기도 하지만, 대표적인 것을 들자면 '걸림 없는 스님'이라는 표현이었다. 세상을 살자면 무언가 감추기도 하고 무언가를 돋보이게도 하기 마련이다. 우리가 알고 있는 훌륭한 분들도 대개는 좋은 점들만 부각되어 있는 경우가 허다하다. 그분들의 단점이나 허물까지 다 알고 난 뒤에도 존경할 수 있다면 진짜 존경받을 분일 것이다. 그런데 스승님은 있는 그대로의 모습으로 사신 분이다. 함께 살았던 어른 스님들이 가장 부러워한 스승님의 힘이 바로 그것이었다.

스승님은 바다와 같은 분이셨다. 그 점이 스승님의 멋이었다.

▣ 스승님께서 노년에 그리신(치신) 매화도 팔곡병풍.
선물로 주신 것을 받아 개화사 집무실에 소장.

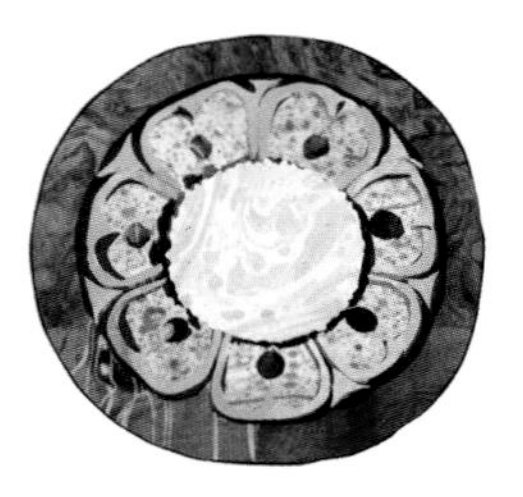

寒山華嚴
80

무명을 부수다

출가 수행자가 어른이 된다는 것은 세월이 흐른다고 되는 것이 아니다. 어떤 이들은 한 스님의 현재 모습만 보고 가벼이 평가하기도 하지만, 모든 어른 스님들은 죽음의 경계를 수없이 넘나들며 정진한 결과로 큰스님이 된 것이다. 사실 해탈경계에 이른다는 것이 경전 몇 줄 읽거나 염불 몇 달 한다거나 좌선 몇 철 한다고 되는 일이라면 얼마나 좋겠는가.

스승님의 출가 때 얘기는 이미 앞에서 밝힌 바 있는데, 다시 정리해 보면 이렇다.

청년의사 천기신은 범어사 조실이셨던 동산 큰스님을 뵙고 제자로 받아 달라고 했다. 동산 큰스님은 마침 들리는 범종소리를 잡아오라고 하셨다. 즉답을 못한 천기신은 한동안 더 기도를 한 후 재차 출가 허락을 받으러 동산 큰스님을 찾았다.

〈동산 큰스님〉 "종소리는 잡았느냐?"

〈천기신〉 입으로 "쾅~앙!" 소리를 내었다.

〈동산 큰스님〉 "저 앞산을 걷게 해 보아라!"

〈천기신〉 벌떡 자리에서 일어나 동산 큰스님 주위를 세 바퀴 돌고는 앞에 우뚝 섰다.

〈동산 큰스님〉 "주지 스님, 이놈 머리 깎아 주시게"

이후로 깨달음의 경지에 이르기 위한 목숨 건 정

진이 이어졌는데, 1956년 문경 금선대(金仙臺)에서 현 금정총림 범어사(金井叢林 梵魚寺) 방장이신 지유(知有) 큰스님과 용맹정진 중에 문득 시원한 경계를 얻고는 다음과 같이 게송을 읊으셨다.

금선암중객(金仙庵中客)
금선암 가운데의 나그네가
백사불회선(百思不會禪)
아무리 생각해도 선을 모르다가
홀도무심처(忽到無心處)
문득 생각 끊어진 곳에 이르니
설리매화개(雪裡梅花開)
눈 속에서 매화가 피어나도다.

이후 많은 도량을 다니시며 정진하시던 중 1958년 군위 압곡사(鴨谷寺)에서 무자화두(無字話頭)를 참구하시다가 문득 칠통(漆桶-근본 번뇌인 無明)

을 타파하시고는 다음과 같이 읊으셨다.

조주도무의(趙州道無意)
조주선사 무(無)라고 이르신 뜻을
천성도불회(千聖都不會)
일천 성인도 모두 알지 못하도다.
작야월초생(昨夜月初生)
지난밤에 달이 처음 돋아나더니
산골입운중(山骨立雲中)
산 뼈가 구름 속에 우뚝 솟았네.

내가 하도 졸랐더니 딱 한 번 위의 얘기를 해주셨는데, 그때 빛나던 모습이 지금도 눈에 선하다.

▣ 내가 미타사 주지 소임을 보던 1990년대 중반쯤
특별법사로 모셨을 때 도량을 산책하시던
스승님의 모습을 촬영한 것.

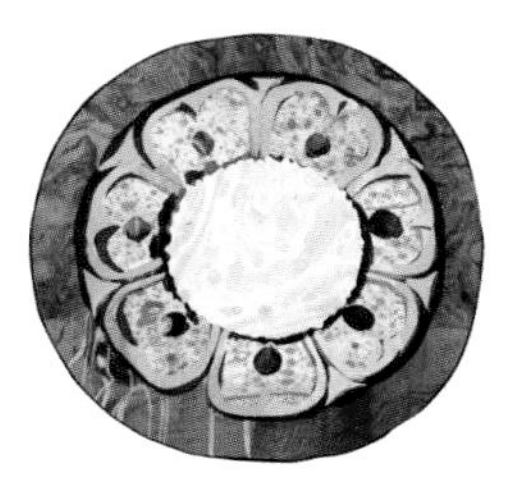

寒山華嚴

81

적멸에 드시다

스승님은 희수(喜壽) 즉 77세가 되시던 생신잔치를 해 드릴 때까지도 매우 건강하셨다. 그리고 여름날 스승님을 찾아뵈었을 때도 건강해 보이셨다. 다만 약간 피곤을 빨리 느끼게 된다는 말씀을 하시기에, "스님께서는 저보다 오래 사실 듯합니다." 하고 농을 던졌다. 그랬더니 스승님께서는 웃으시면서 "이 몸과의 인연이 별로 남지 않은 듯하네." 하셨다.

찬바람이 일기 시작할 무렵 스승님의 몸에 이상이 있다는 주변의 얘기들이 올라오기 시작하더니, 급기야는 주변의 강권으로 병원에서 검진을 받으신다고 했다. 길동에 계시는 사형님과 함께 서둘러 병원을 찾았더니 많이 수척해 보이셨다. 함께 있던 대중들이 병실을 비운 사이에 스승님의 몸을 만져드리고 있었는데, 스승님께서 다음과 같은 말씀을 하셨다. "자네에게 많이 미안하네. 하지만 자네 스스로 공부를 잘 해 주어서 내가 안심하고 눈을 감을 수 있겠네." 내가 "스님 무슨 말씀을 그리하십니까? 제가 조만간 스승님 모실 절을 지으려고 하니 그때 다시 옛날처럼 모시고 살겠습니다."라고 하였더니, "아닐세! 자네는 내게 충분히 잘해 주었네. 자네를 따르는 불자들에게 정성을 쏟으시게!"라고 하셨다. 이게 스승님과의 마지막 사적 대화였다.

병원을 떠나 동림사로 돌아가신 스승님은 상좌들을 불러 다음과 같은 열반송(涅槃頌)을 쓰셨다.

칠십칠년몽중객(七十七年夢中客)
탈각환신하처거(脫却幻身何處去)
약인문아무여설(若人問我無與說)
신어영봉홍엽비(神魚靈峰紅葉飛)
칠십칠 년 꿈같은 세월을 나그네로 지내다가
꼭두각시 몸 벗어버리고 어느 곳으로 가는고.
만일 누군가 내게 물어도 말해줄 게 없나니
신어산 영험한 봉우리엔 붉은 잎이 지는구나.

이어서 "아이고 추워라 감장사여! 감도 하나 못 팔고 불알만 꽁꽁 얼겠네."라 하시고는 오후 해질 무렵 대적삼매(大寂三昧)에 드셨다.

▣ 내가 마지막으로 카메라에 담았던 스승님의 모습.
마루에 앉아 고요히 쉬시던 모습이다.

나의 사랑 나의 스승

한산 화엄
寒山華嚴

초판 발행 2019년 5월 부처님 오신 날

글 시우 송강

사진 시우 송강

발행인 이상미

발행처 도서출판 도반

편집팀 김광호, 이상미

대표전화 031-465-1285

이메일 dobanbooks@naver.com

홈페이지 http://dobanbooks.co.kr

주소 경기도 안양시 만안구 안양로 332번길 32

* 인터넷에서 개화사를 검색하시면 송강 스님을 만나보실 수 있습니다.
http://cafe.daum.net/opentem

* 표지 사진은 불기 2532년 대원 6월호의 표지에 사용된 사진을
대원사의 허락을 받고 사용하였습니다.